EDUCAR PARA A PAZ EM TEMPOS DIFÍCEIS

EDUCAR PARA A PAZ EM TEMPOS DIFÍCEIS

Xésus R. Jares

Tradução de
Elizabete de Moraes Santana

Título original: Educar para la paz em tiempos difíciles
© Xésus R. Jares, 2004
© Palas Athena 2007, da tradução para o português

Produção editorial: Laura Bacellar
Revisão técnica: Lia Diskin
Preparação: Teresa Gouveia
Revisão: Irene Hikichi
Capa e projeto gráfico: Assaoka
Foto do autor: Sira Rodriguez Raña
Diagramação: Sguerra Design
Impressão e acabamento: Palas Athena Gráfica

Dados Internacionais de Catalogação na Publicação (CIP)
(Câmara Brasileira do Livro, SP, Brasil)

Jares, Xesús R.
Educar para a paz em tempos difíceis / Xesús R. Jares ; tradução de Elizabete de Moraes Santana. -- São Paulo : Palas Athena, 2007.

Título original: Educar para la paz em tiempos difíciles
Bibliografia.
ISBN 978-85-60804-04-7

1. Convivência 2. Democratização do ensino 3. Direitos Humanos 4. Educação - Finalidades e objetivos 5. Não-violência 6. Paz I. Título.

07-6770 CDD-370.116

Índices para catálogo sistemático:

1. Educação para a paz   370.116

Todos os direitos reservados e protegidos pela Lei 9610 de 19 de fevereiro de 1998. É proibida a reprodução total ou parcial por quaisquer meios sem autorização prévia, por escrito, da Editora.
Direitos adquiridos para a língua portuguesa por Palas Athena Editora
Rua Leôncio de Carvalho, 99 - Sala 1 - Paraíso
04003-010 São Paulo-SP - Brasil - Tel./Fax: (11) 3289-5426
www.palasathena.org.br   editora@palasathena.org.br
2007

A Paz e Sira.

A todas as vítimas de todas as formas de terrorismo.

Às educadoras e aos educadores, e a todas as pessoas e grupos que, nestes tempos difíceis, não recuam em sua luta pela paz, justiça, democracia e pelos direitos humanos.

Sumário

Nota à edição brasileira   9
Introdução   11

1. **As bases teóricas da educação para a paz**   21
   Contextualização histórica   21
   O suporte conceitual   31
   O conceito de educação para a paz   45
   Componentes da educação para a paz   48
   Implicações educacionais   57
   Bibliografia   66

2. **Educação e direitos humanos**   71
   O suporte conceitual   72
   Princípios didáticos   79
   A dimensão organizacional   86
   Bibliografia   103

3. **Educar para a paz depois dos atentados de 11 de setembro de 2001 e do 11-M**   111
   As conseqüências dos atentados   112
   Outros atentados anteriores e posteriores   108
   O retrocesso paulatino da ajuda
      ao desenvolvimento   125
   Conteúdos educacionais para enfrentar
      a nova situação   133
   Bibliografia   152

4. **A educação para a convivência como processo de alfabetização em conflitos** 159
   A formação do professorado 164
   Pressupostos para formação 170
   Bibliografia 192

Nota à edição brasileira

Para mim, é um enorme prazer poder comunicar-me novamente com as pessoas do Brasil por meio das reflexões, experiências e propostas contidas neste livro. Com ele também se torna realidade a oportunidade de retornar a este belo, afetuoso e criativo país, que faz parte de minha vida há muitos anos. Oportunidade que, nesta ocasião, deve-se ao interesse da Associação Palas Athena, à qual fico muitíssimo agradecido, particularmente a Lia Diskin.

A primeira edição deste livro foi publicada em Bilbao, Espanha, em 2004, mas o leitor ou a leitora têm agora em mãos uma obra revisada, ampliada e atualizada. Foram realizadas diversas correções de estilo para tornar o texto mais compreensível, e eliminadas algumas referências pontuais que remetem à situação da Espanha. Introduzimos notas explicativas sobre conceitos e organizações, incluímos o conceito de desenvolvimento e acrescentamos um breve campo explicativo em cada um dos componentes da educação para a paz no capítulo 1. Atualizamos informações sobre a situação mundial no capítulo 3 e introduzimos mais dados relativos ao Brasil sobre o Índice de Desenvolvimento Humano do PNUD nos capítulos 1 e 3. Ampliamos a fundamentação de alguns conceitos dos capítulos 3 e 4. Os livros citados de minha autoria já traduzidos para o português constam em nota de rodapé, quando mencionados pela primeira vez, e na bibliografia ao final de cada capítulo. As referências bibliográficas de todos os capítulos foram atualizadas.

Acreditamos que, com essas inclusões e atualizações, o livro ganha em qualidade argumentativa e uma melhor compreensão da complexidade do que significa educar para a paz, os direitos humanos e o desenvolvimento. De modo algum, porém, pretendemos que este livro perca seu caráter sintético e introdutório para todas as pessoas que desejam conhecer esses temas. Muito pelo contrário. Como se fosse uma carta topográfica, pretendemos com este livro explicar e levantar um mapa global da educação para a paz, em que se situem suas origens, os diferentes conceitos, os distintos graus de complexidade das temáticas abordadas (paz, direitos humanos, democracia, convivência e desenvolvimento, fundamentalmente), tanto em seus aspectos sociológicos, econômicos e políticos, quanto educativos, além da influência dos primeiros sobre os últimos. Tudo isso com o rigor, a necessária fundamentação bibliográfica e a firme esperança de que podemos transformar o mundo, para que seja mais humano, respeitoso, terno, pacífico e livre.

São meu desejo e minha esperança que o livro sirva para continuar a aprofundar a construção do movimento brasileiro de educadoras e educadores para a paz, para os direitos humanos e para o desenvolvimento, cujo pilar é a difusão do pensamento não-violento comprometido com a justiça social, a igualdade, a liberdade, a ternura, a beleza, a democracia, os direitos humanos e a paz no conjunto da cidadania. Pois, nas palavras do admirável Paulo Freire (FREIRE, 2001, p.143):

> A luta pela paz, que não significa a luta pela abolição nem sequer pela negação dos conflitos, e sim a confrontação justa, crítica dos mesmos e a busca de soluções corretas para eles, é uma exigência imperiosa de nossa época. No entanto, a paz não precede a justiça. Por isso, a melhor maneira de falar de paz é fazer justiça.

Xésus R. Jares
Vigo, Galícia, Espanha, janeiro de 2007

Introdução

Se, como sabemos, educar é sempre um processo complexo e problemático, não há dúvida de que empreender essa necessária e atrativa tarefa torna-se ainda mais relevante nos tempos difíceis e incertos em que vivemos. Essa dificuldade e complexidade vêm aumentando tanto por fatores internos do processo educacional (maior diversidade entre o alunado, choque de valores em e entre os diferentes setores da comunidade educacional, expansão das teorias tecnocráticas, mais conflitos, novas e maiores exigências etc.), como por fatores externos, que sempre o acompanham e condicionam (diversidade social e cultural, perda do valor da educação em amplas camadas da sociedade, relativismo niilista, perda de valores, consumismo, aumento da exclusão social, insegurança urbana, precarização do trabalho e incerteza social). Contudo, como costumo relembrar a meus alunos, quando as condições são mais difíceis, em vez de nos isolarmos, desiludidos, devemos responder com mais compreensão e paixão. A resignação e a indiferença não são boas companheiras de viagem ante a dificuldade. Não podemos esquecer que, em todos os períodos históricos, houve circunstâncias objetivamente difíceis, superadas pelo engenho, pela resistência, pela luta, pela conciliação, mas em nenhum caso foram vencidas com resignação e indiferença.

Além disso, no contexto atual, não podemos deixar de assinalar, com especial preocupação, a persistência do uso e da divulgação da violência como forma de resolver conflitos, amparada em teorias como guerra justa, violência libertadora, violência como resposta ao inimigo, guerra preventiva etc., que em muitos casos resultam em diferentes formas de terrorismo. Sem dúvida, são posicionamentos que, de um lado, dificultam e negam a ação educativa e, de outro, exigem de nós, como educadores e cidadãos participantes de uma democracia, uma resposta clara e convincente.

Uma e outra conseqüências nos conduzem, em primeiro lugar, à necessidade de conhecer essas teorias para questioná-las ética e pedagogicamente, em um incessante caminho de busca da verdade. Em segundo, devemos deixar claro que ante a violência não cabem posições ambíguas nem tolerantes, muito menos nos espaços educativos. Em outras palavras, o sistema educacional, como espaço de aprendizagem e convivência, deve fornecer os instrumentos necessários à aprendizagem de uma cultura de paz e não-violência oposta a qualquer forma de fundamentalismo, ainda que este se refugie em supostos direitos culturais. A aprendizagem que, como discutiremos no capítulo 2, deve realizar-se com base na vivência das normas e dos valores da democracia, sistema que traz consigo o respeito aos direitos humanos, mas também o cumprimento das regras e dos deveres inerentes. A cultura dos direitos é indissociável da cultura do respeito e cumprimento dos deveres, aspectos que também devem ser considerados do ponto de vista educacional.

Diante disso, temos de convir que, nestes tempos turbulentos, incertos e difíceis, a função do sistema educacional é bastante delicada, mas absolutamente necessária e imprescindível como fator de coesão social, de alfabetização para a diversidade de linguagens presentes na sociedade (já não basta ler e escrever) e na formação em valores básicos da convivência democrática, do respeito, da paz. Indubitavelmente, este último objetivo, que deve estar sempre presente em toda proposta educacional, é ainda mais necessário nestes tempos, em que as diversas formas de violência e de fundamentalismos tentam estabelecer-se como "naturais" nas relações humanas. A luta contra as diversas formas de violência passa pela justiça – o direito – e pela educação, sem esquecer a opção policial. Neste momento, esses três vértices são insubstituíveis e necessários mas, além disso, têm de estar protegidos por políticas legislativas e sociais que previnam, em alguns casos, e reprimam, em outros, as tentativas de violência. Entretanto, de todos eles, não resta dúvida de que a educação deve receber maior atenção e esforço, na medida em que pode proporcionar maiores garantias a longo prazo.

Contudo, se em geral existe consenso em outorgar-lhe tanta responsabilidade, sabe-se que é preciso realizar duas reflexões fundamentais sobre ela. Uma dirige-se ao *conteúdo dos programas educacionais*; a outra, à *formação do professorado*. A primeira visa examinar a situação em que se encontram os conteúdos ligados a uma cultura de paz e direitos humanos; a segunda, pelo fato de recair no professorado boa parte da responsabilidade do processo educacional. É evidente que não fechamos o círculo da educação com esses dois enfoques, mas são os mais importantes. Lamentavelmente, como abordamos no capítulo 4 deste livro, o conteúdo dos programas educacionais e a formação do professorado não estão numa situação exatamente tranqüilizadora. Além do mais, com relação ao primeiro, todos os informes internacionais são unânimes em ressaltar a escassa presença dos valores e conteúdos de uma cultura de paz e direitos humanos nos currículos escolares. Essa situação deve ser subvertida, para que seja realizada uma política educacional inequivocamente relevante em relação aos conteúdos. No que concerne à formação do professorado, a mudança também se aplica. Tanto as universidades, em seus programas de formação inicial de educadores, quanto as administrações educacionais, em relação à formação continuada, devem empreender com urgência planos de formação que modifiquem substancialmente a atual situação.

Urge, pois, um autêntico pacto educacional global pela paz e contra todas as formas de violência, da violência *física direta* – brigas, disparos, tortura, atentados terroristas ou violência contra as mulheres (agressões, violações, assassinatos, conhecidos como violência de gênero) – até as diferentes formas de violência *estrutural* – possibilidades distintas de acesso aos recursos, aos serviços médicos, à educação, à cultura pela origem social, segregação social, racial, sexual –, ou determinadas formas de *violência cultural*, como a manutenção de determinados preconceitos e formas de segregação sexual, com base em supostas tradições culturais, o fomento do ódio e do fanatismo contra determinados grupos ou etnias. Como demonstraram os atentados terroristas de 11 de setembro de 2001, nos Estados Unidos, ou de 11 de março de 2004, em Madri, Espanha, não são necessárias armas de destruição em massa para provocar matanças em massa. Os dois acontecimentos colocaram em evidência como o ódio, o fundamentalismo e a falta de esperança podem ser nocivos e como, nesses aspectos, a educação tem de desempenhar um papel ativo e comprometido. E começamos nos questionando sobre as causas de tais processos sociais e evitando responder com o mesmo ódio, falta de esperança e mais mortes, assim como fez o governo norte-americano no Iraque.

Esse pacto educacional deveria converter-se em uma política de Estado, respeitada e apoiada por todas as forças políticas parlamentares, abarcando todas as etapas do processo educacional, da educação infantil à universidade. Da mesma forma, deveria abranger todos os elementos curriculares do processo educacional, ou seja, a formação do professorado, os conteúdos das diversas áreas, os materiais curriculares, os processos organizacionais etc. Assim, o sistema educacional poderá cumprir seu verdadeiro papel de liderança educativa, especialmente no que se refere às habilidades sociais, processos de resolução de conflitos, maturidade afetiva, entre outros enfoques, rompendo com as propostas cada vez mais amplas de rotinizar e burocratizar suas práticas que, a longo prazo, podem implicar sua falência ou, de qualquer forma, convertê-lo em um elemento residual e, inclusive, em obstáculo social.

O conteúdo do livro reúne as publicações que realizamos até esta data na Bakeaz[1]. As três primeiras partes correspondem a três Cadernos Bakeaz[2], e a quarta ao primeiro número da coleção Escola de Paz[3]. A estrutura do livro respeita o conteúdo e a cronologia dessas publicações, não apenas para facilitar o leitor ou a leitora que não tiveram acesso à íntegra do conteúdo das citadas publicações, como também porque consideramos que o texto continua em plena vigência na atualidade. Intervimos apenas em dois detalhes. Primeiro, para evitar a redundância no que se refere ao ponto que trata da criação de grupo que aparece no primeiro dos Cadernos Bakeaz (correspondente ao capítulo 1 deste livro), que foi ampliado no capítulo 2 deste volume. De toda forma, essa única repetição reflete bem claramente a importância que conferimos a essa atividade na função docente,

---

1. Bakeaz, além de editar livros como este que o leitor ou leitora tem em mãos, é uma organização não-governamental, fundada em 1992, no País Basco (Espanha), com a finalidade de fomentar estudos e reflexão cívica sobre âmbitos e políticas de paz, segurança, relações internacionais e ecologia, entre outras questões. Para o desenvolvimento de sua atividade, conta com uma biblioteca especializada, realiza estudos e pesquisas com a ajuda de uma ampla rede de especialistas; publica suas próprias pesquisas e de outras organizações internacionais, como o Worldwatch Institute, ICLEI e UNESCO, em diversas coleções de livros e boletins teóricos; organiza cursos, seminários e ciclos de conferências; assessora organizações, instituições e meios de comunicação; publica artigos na imprensa e em revistas teóricas e participa de seminários e congressos. Mais informações em :<www.bakeaz.org>, ou pelo endereço eletrônico bakeaz@bakeaz.org.

2. Publicação de caráter periódico da Bakeaz que, a cada edição, aborda monografias temáticas sobre os objetos de estudo da organização.

3. Outra coleção de estudos realizada pela Bakeaz, de caráter mais pedagógico.

tal como explicaremoss no capítulo 2. No segundo caso, nossa intervenção limita-se a atualizar a bibliografia mencionada nos diferentes quadros e capítulos.

No capítulo 1 – As bases teóricas da educação para a paz – apresentamos os elementos teóricos e as implicações educativas do modelo de educação para a paz (EP), que defendemos e denominamos *modelo crítico, conflituoso e não-violento*. Para tanto, apresentamos em primeiro lugar, de forma sintetizada, o contexto histórico da EP, estruturado em quatro grandes ondas ou marcos geradores: o legado da Escola Nova; a colaboração da UNESCO; a contribuição da Pesquisa para a Paz e, por fim, os subsídios pedagógicos da Não-violência. Em segundo lugar, analisamos os dois conceitos básicos em que nossa proposta de EP se fundamenta: o conceito de paz positiva e a perspectiva criativa do conflito. A partir desses conceitos definimos, em terceiro lugar, o significado da educação para a paz e suas principais características. Em quarto lugar, abordamos, em conseqüência de sua evolução histórica, os diferentes componentes que a constituem. Finalmente, em quinto lugar, examinamos as implicações educacionais que esse modelo de EP tem na prática escolar, tanto em relação ao contexto organizacional, à metodologia didática, às aprendizagens curriculares, quanto à avaliação.

No capítulo 2 – Educação e direitos humanos – analisamos a relação entre estes dois conceitos, a partir da centralidade e importância que conferimos aos direitos humanos. No primeiro ponto deste capítulo – o suporte conceitual –, são analisados o conceito e as características fundamentais dos direitos humanos, assim como suas relações com os conceitos de democracia, paz e desenvolvimento. No segundo, são abordados os princípios didáticos mais relevantes a partir dos quais devemos examinar essa opção educacional. Estreitamente ligados a eles, no terceiro ponto são analisadas as principais necessidades organizacionais pelas quais se recomenda abordar a educação para os direitos humanos. Assim, e intercalando diversas propostas concretas de trabalho, apresentamos três aspectos centrais na educação para os direitos humanos: a criação de um grupo de apoio mútuo e confiança, a organização democrática do centro escolar e o enfrentamento não-violento dos conflitos.

No capítulo 3 – Educar para a Paz depois dos atentados de 11 de setembro de 2001 e do 11-M – abordamos as conseqüências educativas, os princípios e conteúdos educacionais com os quais devemos enfrentar acontecimentos trágicos como aqueles que a violência terrorista causou em 11 de setembro de 2001 nos Estados Unidos, e que podemos estender a outros atentados terroristas, como os atentados de caráter islâmico de 11 de março de 2004 em Madri, ou os realizados pelo grupo terrorista ETA[4], ligado a reivindicações de caráter separatista. No entanto, em todos os casos, continuam sendo muito tímidas as experiências pedagógicas sobre essas realidades que, por menos que gostemos, devemos abordar não apenas por implicarem fatos históricos, mas também por serem claros exemplos de ruptura dos princípios básicos de convivência, a começar pelo princípio dos princípios: respeito à vida.

No primeiro ponto deste capítulo, apresentamos as principais conseqüências dos atentados de 11 de setembro. Conseqüências que, longe de serem questionadas, foram ratificadas pelo tempo e pelas posteriores circunstâncias que vivemos e estamos vivendo. (Esse texto foi publicado originalmente seis meses após os atentados.) No segundo, analisamos o que temos chamado de atentados antes e depois de 11 de setembro, ou seja, as relações

---

4. Euskadi ta askatasuna (ETA), "Pátria basca e liberdade", em basco. Organização nacionalista de ideologia marxista-leninista que utiliza o terrorismo como via para obter a unificação dos chamados territórios bascos e sua independência dos Estados da Espanha e da França. Fundada em 1959, durante a ditadura franquista, tem o apoio de setores nacionalistas bascos.

de desigualdade geradas pelo processo de globalização neoliberal dominante que estamos vivendo. No terceiro, formulamos dez propostas educacionais para enfrentar o "novo" cenário internacional. Dada a importância dos temas abordados – tristemente atualizados com os atentados de 11 de março, em Madri, os atentados quase diários em Bagdá ou o novo atentado do ETA, no Terminal T-4 do aeroporto de Madri-Barajas, em 30 de novembro de 2006, que custou a vida de dois imigrantes equatorianos –, assim como a necessidade de resistir pedagogicamente à violência terrorista, desenvolvemos essas questões no livro *Educação para a verdade e a esperança. Em tempos de globalização, guerra preventiva e terrorismos*[5].

No capítulo 4 – A educação para a convivência como processo de alfabetização em conflitos – primeira publicação que inaugurou a nova coleção da Bakeaz, Cadernos da Escola de Paz, abordamos um tema-chave para o futuro da EP, a convivência democrática e os direitos humanos, ou seja, a formação dos educadores. Como temos assinalado, neste âmbito e no campo específico de formação docente, a capacitação em temas de paz, resolução de conflitos etc. continua sendo clara e estrondosamente deficitária, como atestam as investigações feitas sobre essa questão que apresentamos no primeiro ponto do capítulo. Nesse sentido, abordamos a relação universidades-educação para a paz, que começou a se estabelecer na Espanha com mais atraso que o desejado, propugnando que, *tanto as universidades, em seus planos de formação inicial do professorado, quanto as administrações educacionais, em relação à formação continuada, iniciem de forma urgente programas de formação que modifiquem essa situação*. No segundo ponto apresentamos os pressupostos de formação sugeridos para o debate e, se oportuno, para sua consecução.

---

5. Porto Alegre: Artmed, 2005.

Como fazemos nos Cadernos Bakeaz, reduzimos as temáticas abordadas ao essencial, com a apresentação de um texto relativamente breve. Isso significa que os trabalhos aqui reunidos podem ser de grande utilidade aos estudantes de diferentes titulações universitárias de pedagogia, aos educadores e às educadoras que desejam entrar em contato com essas temáticas, tanto para a educação formal quanto não formal, assim como para mães e pais preocupados com a educação de seus filhos e filhas, líderes comunitários e sindicais, gestores da área educacional, e para todas as pessoas preocupadas com a questão, sobretudo nestes tempos difíceis e incertos.

Não há dúvida de que nossa maior capacitação e nosso compromisso em favor de uma sociedade e cultura de paz são nossos grandes antídotos para combater a resignação, a frustração ou a falta de esperança. Nossa experiência, e a de milhões de educadoras e educadores em todo o mundo, comprovam que educar para a paz é possível, real e uma das grandes alternativas para superar os tempos difíceis em que vivemos.

1. As bases teóricas da educação para a paz

Apresentamos as bases teóricas e as implicações educacionais de um modelo que denominamos crítico, conflituoso e não-violento de educação para a paz (EP). Vamos expor, em primeiro lugar, o contexto histórico da EP, que estruturamos em quatro grandes ondas ou marcos geradores: 1) o legado da Escola Nova; 2) a colaboração da UNESCO; 3) a contribuição da Pesquisa para a Paz e 4) a Não-violência. Em segundo lugar, analisamos os quatro conceitos básicos de nossa proposta de EP: 1) conceito de paz positiva, 2) perspectiva criativa do conflito, 3) conceito de desenvolvimento e 4) conceito de direitos humanos. Em terceiro lugar, definimos o significado de educação para a paz, suas principais características e componentes. Por fim, em quarto lugar, examinamos as implicações educativas do modelo crítico, conflituoso e não-violento de educação para a paz na prática pedagógica.

Contextualização histórica

Como já mencionamos (JARES, 1991[1], 1992), a EP não se reduz nem a suas formulações jurídicas e/ou decretos oficiais mais ou menos recentes, nem aos tempos em que vivemos. Muito ao contrário, a EP tem um legado histórico amplo, rico e plural, no qual se foram estruturando as distintas posições que, com suas

---

1. Este livro teve, até o momento, três edições em espanhol. A segunda, de 1999, corrigida e ampliada, foi traduzida para o português: *Educação para a paz. Sua teoria e sua prática*. Porto Alegre: Artmed, 2002.

ênfases e matizes mais ou menos diferentes, originaram as quatro grandes ondas ou fontes geradoras que vamos expor a seguir. (Para maior compreensão, ver JARES, 1991, pp.11-92.)

O primeiro legado que fundamenta pedagogicamente a EP, tanto na teoria quanto na prática, é o movimento da Escola Nova, no início do século XX. Além de movimento transmissor e gerador da tradição humanista renovadora, soma-se, em sua criação, um fator sociopolítico fundamental, como a eclosão e as conseqüências socioeconômicas e morais da Primeira Guerra Mundial. As características fundamentais deste valioso movimento educacional são:

■ A idéia motriz é dupla. Além da crítica às práticas pedagógicas tradicionais, fundamenta-se no internacionalismo e na idéia de evitar a guerra. Daí o foco central da EP neste momento: *a necessidade de desenvolver uma educação para a compreensão internacional que evite a guerra.*

■ Mais que um conceito de paz, o ponto de partida é uma interpretação psicológica da guerra, entendida como resultado da não-realização do chamado "instinto combativo".

■ Em conseqüência, como resposta educacional propugna-se a não-repressão da "primeira das tendências espontâneas da criança", canalizando o instinto combativo com "equivalentes morais da guerra", ou seja, atividades socialmente úteis ou não destrutivas.

■ A EP configura-se como conceito de tripla dimensão: educação moral, social e religiosa (BOVET, 1928, p.31).

■ No tocante à sua integração ao currículo, há certa polêmica entre os que a consideram um conceito integral, que abarca toda a educação, opondo-se à departamentalização (opção que era majoritária), e os que a enquadram na área de geografia e história e/ou na orientação ético-moral.

■ Utopismo pedagógico, com duas variantes: aquela que se concentra na especial contribuição dos educadores ("a salvação política do mundo está nas mãos dos educadores", ROSELLÓ, s.d., p.14); e a que acentua o papel da infância com base numa perspectiva de nova educação ("a criança, então, nos promete a redenção da humanidade", MONTESSORI, s.d., p.109).

■ Vitalidade, otimismo e confiança no ser humano que conseguirá superar suas contradições e encontrará o caminho da paz. Um otimismo que, não obstante, é necessário trabalhar e concretizar na vida diária. Por isso, são criticados tanto os idealistas sociais, que acreditam na abolição "natural e espontânea" da guerra, quanto os fatalistas sociais, que, ao contrário, proclamam a inevitabilidade dos confrontos.

■ As propostas didáticas relacionavam-se com sua fundamentação:

• Ensino da Constituição e os princípios e fins da Liga das Nações, por meio de lições, leituras, concursos de redação etc.;
• Referência às grandes realizações coletivas em favor da paz, às personalidades pacifistas e às idéias fundamentais sobre a paz e a violência;
• Correspondência entre escolas e intercâmbios com centros educacionais de outras nações, que se denominou "internacionalismo infantil", ou "internacionalismo escolar", nas palavras de Santullano (1926, pp.97, 100);

- Excursões, visitas, viagens a centros dedicados à paz (museus, delegações internacionais, Cruz Vermelha, instituições-modelo etc.);
- Estudo "crítico" e "objetivo" das notícias internacionais nos meios de comunicação;
- Exposições de materiais alusivos a outros países e comemoração de datas importantes em seu desenvolvimento histórico;
- Institucionalização do Dia da Paz;
- Projeção de filmes, difusão de mensagens radiofônicas etc.;
- Realização de estudos comparados das distintas civilizações;
- Organização escolar em regime de autogoverno;
- Jogos infantis, jornadas esportivas, sessões musicais, encenações teatrais etc.

Como se pode ver, múltiplas propostas aplicáveis, com as devidas adaptações, à atual realidade educacional. Em grande medida, muitas ainda não foram generalizadas até hoje. No entanto, com algumas dessas propostas, colocaram-se em prática, na Espanha, diversos projetos educacionais na atual fase da EP.

O segundo marco gerador tem origem semelhante ao anterior. Nesse caso, como conseqüência da Segunda Guerra Mundial, a posterior criação das Nações Unidas e, mais particularmente, sua agência especializada UNESCO. Em um primeiro momento, a EP da UNESCO prossegue com as abordagens da educação para a compreensão internacional, à qual agrega novos componentes como educação para os direitos humanos e, mais tarde, educação para o desarmamento. As características fundamentais são:

■ Seu forte significado como educação para a compreensão internacional traduz-se nos seguintes pressupostos didáticos:

- Ensinar como viveram e vivem outros povos;
- Reconhecer a contribuição de cada nação ao patrimônio comum da humanidade;
- Ensinar como um mundo dividido pode vir a ser mais solidário;
- Afirmar permanentemente que as nações vão cooperar com as organizações internacionais. É o que se denominava educação sobre as Nações Unidas e organismos internacionais;
- Viver os princípios da democracia, da liberdade e da igualdade nos centros escolares.

■ A educação em direitos humanos tem seu início oficial com a proclamação da Carta das Nações Unidas (ONU) e, sobretudo, com a aprovação da Declaração Universal dos Direitos Humanos, em 10 de dezembro de 1948. A histórica Recomendação sobre a Educação para a Compreensão, a Cooperação e a Paz Internacional e a Educação relativa aos Direitos Humanos e às Liberdades Fundamentais de 1974, e o Congresso de Viena, de 1978, sobre ensino dos direitos humanos, constituem os antecedentes mais relevantes dessa dimensão. Falaremos de seu significado ao tratarmos dos componentes da EP.

■ A educação para o desarmamento tem sua gênese nas Décadas para o Desarmamento proclamadas pela ONU e, no final dos anos 1970, foi incorporada às propostas educativas da UNESCO. A citada Recomendação histórica de 1974 constitui também um antecedente da educação para o desarmamento, e o Congresso Mundial de Educação para o Desarmamento, realizado em Paris, em 1980, é o marco mais importante na consolidação e na divulgação desse componente. Além desses eventos propriamente educativos, não devemos nos esquecer de outros que tiveram um impacto significativo, ainda que não específico, na educação para o desarmamento. Um exemplo particular é a constituição, em 1946, da Federação Mundial de Trabalhadores Científicos, muito crítica desde seu início com a utilização da ciência para fins militares, e muito especialmente o histórico manifesto Russell-Einstein, de 1955, "no qual se expressa o perigo que corre a humanidade e se apela, como forma de superá-lo, à razão: 'temos de aprender a pensar de uma nova maneira', afirmação que encerra uma decisiva importância educativa" (JARES, 1983, pp.69-70). Vamos nos referir sobre seu significado ao tratarmos dos componentes da EP.

■ A ação educacional concreta da UNESCO, e onde se detecta sua evolução, é o Plano de Escolas Associadas à UNESCO, iniciado em 1953. Sua consecução responde a dois objetivos fundamentais: levar a cabo trabalhos experimentais e programas especiais para estabelecer novos métodos, técnicas e materiais de ensino destinados à educação para a compreensão internacional, a paz e os direitos humanos (UNESCO, 1985a); e, em segundo lugar, facilitar intercâmbios de informação, materiais didáticos, estudantes e docentes entre escolas de diferentes países.

O terceiro marco surge nos anos 1960, como conseqüência do nascimento de uma nova disciplina denominada Pesquisa para a Paz. Suas repercussões ocorrem especialmente no plano conceitual, ao revisar e reformular o próprio conceito de paz, que veremos adiante, e desenvolver a teoria gandhiana de conflito. No plano pedagógico, além das conseqüências das citadas revisões, faz-se absolutamente necessário recuperar as idéias e abordagens de Paulo Freire, vinculando a EP a um novo componente: a educação para o desenvolvimento.

Em seu desenvolvimento histórico, devemos citar a constituição da International Peace Research Association (IPRA), em

1964, com a missão de coordenar as diversas iniciativas de estudo. A IPRA não opõe resistência à implicação política de seus estudos, nem se apóia apenas na iniciativa da investigação científica. Assim, em 1975, cria-se no seio dessa associação a chamada Peace Education Commision (PEC), que vai coordenar e impulsionar as atividades de EP da IPRA. Como princípio, proclama-se a unidade e mútua interação que deve existir entre pesquisa, ação e educação para a paz.

As características da EP com base na Pesquisa para a Paz são parte de sua atual concepção, que propomos e sintetizamos a seguir:

- Concepção do processo educacional como atividade política;
- Integração da EP, para ser efetiva, no processo global de mudança social;
- Concepção global do mundo;
- Ênfase nos métodos socioafetivos e na participação dos alunos em seu processo de aprendizagem;
- Enfoque interdisciplinar;
- Busca de coerência entre fins e meios, e entre a forma de educar e a forma de viver;
- Relação orgânica entre a pesquisa, a ação e a educação para a paz;
- Orientação à ação;
- Desconfiança, no geral, ante as possibilidades da instituição de ensino.

O quarto marco, que não possui cronologia temporal nem espacial como os três anteriores, além de apresentar uma maior diversidade em suas formulações, nos proporciona o legado da não-violência. Suas características fundamentais podem ser sintetizadas nos seguintes princípios educativos gandhianos:

- A filosofia e forma de atuação devem estar condicionadas por dois princípios fundamentais: o *satyagraha* (firmeza na verdade) e o *ahimsa* (ação sem violência). Como assinalava o próprio Gandhi: "como as duas faces de uma moeda, impossível separar uma da outra" (GANDHI, 1988, p.121).
- Ênfase na autonomia pessoal e na capacidade de afirmação como primeiro passo para conseguir a liberdade.
- Aprender a ser auto-suficiente, tanto material quanto mentalmente.
- Harmonizar as quatro dimensões do ser: corpo, intelecto, sensibilidade e espírito.
- Importância central da teoria de conflito e aprendizagem das estratégias não-violentas. Galtung destaca que a idéia básica de Gandhi a respeito do conflito é que "longe de separar duas partes, o conflito deveria uni-las, precisamente porque têm sua incompatibilidade em comum [...] porque têm uma incompatibilidade em comum deveriam esforçar-se para chegar juntas a uma solução" (GALTUNG, 1978, p.501).
- Treinamento em estratégias de luta não-violenta: em experiências educativas desenvolvidas em comunidades não-violentas, educa-se a todos os membros e as crianças para o "dever de desobedecer, e se lhes obriga a fazê-lo, diante de ordens injustas ou desrespeitosas" (WEYER, 1988, p.101).
- Educação por meio do trabalho: o *Nai Talim**.

---

* As grandes tradições do humanismo, das habilidades, de atitudes, maneiras, costumes e valores que compõem fundamentalmente a cultura humana, poderiam ser continuadas pela confiabilidade e participação informal na vida comum que, enquanto vida comum, por sua vez, seria excedida e enriquecida pelos estudos especiais da instrução formal. Essa união de educação formal com participação informal e íntima na vida comum fornece condições excelentes para o desenvolvimento total da personalidade. O processo unificado do viver e do aprender deve ter o objetivo consciente de oferecer oportunidade, incentivo e orientação para desenvolver cada aspecto da personalidade – físico, emocional, espiritual, intelectual, social ou econômico, – visando à melhoria da sociedade.

- Autoctonia cultural, manifestada pela vinculação à cultura e à língua materna.
- Concordância plena entre fins e métodos a serem empregados.
- Integração do processo educacional na comunidade. Para Gandhi, não apenas a escola deve estar aberta e integrada em seu meio, mas também a educação não pode ser responsabilidade exclusiva dela mesma – toda a comunidade deve participar (WEYER, 1988, p.100).

A atual situação da EP na Espanha, que avança na década de 1980, foi configurada pelas diferentes origens que já destacamos (JARES, 1989). Origens que, em grande medida, marcam certas prioridades ou especificidades no momento de trabalhar a EP. Assim, falamos da EP impulsionada pelo movimento pela paz e não-violência, pelos Movimentos de Renovação Pedagógica (MRPs) e grupos e fóruns autônomos. Mais tarde, somaram-se a esse processo organizações não-governamentais (ongs) de ajuda ao chamado Terceiro Mundo; centros de documentação e/ou pesquisa para a paz e iniciativas institucionais esporádicas, sobretudo das organizações locais. Na década de 1990, pode-se dizer que, à exceção do movimento pela paz fortemente debilitado, são mantidas as origens citadas, com maior ou menor influência, mas com os seguintes matizes diferenciais:

Esse conceito revolucionário foi proposto por Mohandas K. Gandhi, que o chamou *Nai Talim*, e seus parceiros à época deram o nome de "educação básica". O *Nai Talim* ou instrução básica não é uma educação formal que certifica com graduações ou diplomas, mas uma instrução funcional que permite ao indivíduo adquirir, com o envolvimento pessoal, valores universais e, pela construção gradual do caráter, desenvolver-se como ser humano pleno pela educação básica libertadora. Essa instrução básica envolve a participação direta dos indivíduos nas atividades mais elementares e fundamentais da vida diária em todos os níveis da competência humana, abrangendo as quatro dimensões que incluem a pesquisa, o treinamento, o trabalho em rede e a extensão. (N. de T.)

- Há, em nossa opinião, um estancamento nas iniciativas procedentes dos MRPs, em correspondência com a estagnação geral, inclusive do movimento não-violento, apesar do espetacular aumento da objeção e da desobediência.

- Aumenta a influência da educação para o desenvolvimento, que coincide com a maior presença social das ongs, e muito em especial da educação multicultural, basicamente a raiz da problemática exposta pela imigração – aspecto que analisamos ao falar dos componentes da EP.

- Há reconhecimento jurídico, tal como fazia a Lei Orgânica de Direito à Educação (LODE) de 1985, e integração da EP como "tema transversal" do currículo com a Lei Orgânica Geral do Sistema Educativo (LOGSE) de 1990[2]. Afora a avaliação que se possa fazer desse fato, é indubitável que merecem uma análise tanto os aspectos positivos quanto aqueles que nos preocupam cada vez mais. Sobre esses aspectos, fizemos referência em outros textos (JARES, 1993, 1994).

- No entanto, em parte como conseqüência do item anterior, surgiu uma certa demanda por formação e criação de fóruns permanentes, grupos de trabalho, projetos de formação em centros escolares etc. Ou seja, houve um aumento dos grupos de trabalho "autônomos". Ora, ainda que se tenha produzido um estancamento, e a diminuição das fontes propulsoras iniciais da EP, o aumento dos grupos autônomos não ligados a elas deve-se àquele legado e ao trabalho de sensibilização e

---

2. Na Espanha, a educação para a paz está incorporada ao currículo de Educação Infantil (0-6 anos), Educação Primária (6-12 anos) e Educação Secundária Obrigatória (ESO) (12-16 anos), como "tema transversal" – que explicamos neste capítulo –, e aos conteúdos de certas áreas, sobretudo na língua e em ciências sociais. Recentemente foi aprovada na nova Lei Orgânica de Educação (LOE) a criação de uma nova cadeira no último ano da Educação Primária e em um dos anos da Secundária, denominada Educação para a Cidadania e os Direitos Humanos. Além disso, na ESO, já existia a cadeira de Educação Cívico-Ética, que se mantém com um maior componente ligado aos direitos humanos.

formação por elas realizado, que, em grande medida, continuam em atuação.

O suporte conceitual

O modelo de EP crítico, conflituoso e não-violento fundamenta-se em dois conceitos básicos: o conceito de paz positiva e a perspectiva criativa do conflito. Com eles, situamos dois novos conceitos: a perspectiva ampla do conceito de desenvolvimento e a relação entre os conceitos direitos humanos-democracia[3].

Conceito de paz positiva

É fácil constatar, por uma simples varredura nos meios de comunicação ou uma pesquisa mediana sobre as concepções de paz da população com a qual convivemos (que pode ser realizada por nossos alunos e alunas maiores de dez anos), como o conceito de paz dominante é o tradicional, herdado do conceito de *pax romana*. Este identifica a paz como simples ausência de conflitos bélicos e, em nossos tempos, como ausência de todo e qualquer tipo de conflito. Essas duas leituras dominantes são insuficientes, restritivas e, inclusive, manipuladas politicamente. Com o surgimento da Pesquisa para a Paz, o conceito de paz adquire novo significado, ao associá-la não como antítese de guerra, mas de violência (a guerra não deixa de ser um tipo de violência organizada).

Segundo Galtung, existe violência quando "os seres humanos estão afetados de tal forma que suas realizações afetivas, corporais e mentais estão abaixo de suas realizações potenciais" (1985, p.30). Daí a necessidade de uma concepção ampla da violência, que implica uma concepção ampla de paz. Nesse sen-

---
3. Este conceito será desenvolvido no capítulo 2.

tido, estabelece-se uma diferença fundamental entre violência direta e violência estrutural, entendendo-se a primeira como agressão física direta, a violência "tradicional", a mais facilmente reconhecível; e a segunda, indireta e mais invisível, presente em determinadas estruturas sociais, sinônimo da injustiça social. Esta última, que é prioridade, define-se como aquele tipo de violência que está

arraigada à estrutura e manifesta-se como um poder desigual e, conseqüentemente, como oportunidades de vida distintas. Os recursos estão desigualmente distribuídos, como acontece quando a distribuição de renda está muito distorcida, ou a alfabetização/ educação está aplicada de modo desigual, ou quando os serviços médicos existentes em certas áreas são destinados apenas a determinados grupos etc. Acima de tudo, o poder de decisão sobre a distribuição dos recursos está desigualmente dividido (GALTUNG, 1985, pp.38-9).

Sob essa perspectiva, Galtung propõe conferir um enfoque positivo à compreensão da violência, ainda que paradoxalmente seja apresentado em negativo, "a idéia de violência como algo evitável que impede a auto-realização humana" (1981a, p.96). E por auto-realização humana entende-se a satisfação das necessidades básicas, materiais e não materiais. Nesse sentido, quando as necessidades humanas básicas não são satisfeitas, podem ocorrer quatro tipos de violência:

- A violência "clássica", da guerra ao homicídio;
- A pobreza e, em geral, as privações no campo das necessidades materiais;
- A repressão e privação dos direitos humanos;
- A alienação e a negação das necessidades "superiores".

Como se vê, a paz afeta todas as dimensões da vida, fazendo referência a uma estrutura social de "justiça ampla e violência reduzida" (CURLE, 1978). Nas palavras de Paulo Freire, "a paz se cria e se constrói com a superação das realidades sociais perversas. A paz se cria e se constrói com a edificação incessante da justiça social" (1986, p.46). Sua conceitualização nos leva a relacioná-la "não só com a teoria do conflito, mas também com a teoria de desenvolvimento" (GALTUNG, 1969, p.185) e dos direitos humanos. Com isso, concluímos com Galtung: "chamar uma situação em que imperam a pobreza, a repressão e a alienação de paz é um arremedo do conceito de paz" (1981, p.99).

No plano escolar, o primeiro tipo de violência, a violência física direta, tem sido historicamente a grande resposta "educativa" da escola tradicional. O lema "as letras com sangue entram" encerra em si mesmo um tratado de pedagogia violenta que, em grande medida, tem sido banido com maior ou menor convicção. No entanto, a violência verbal e sobretudo a que se refere à privação dos direitos humanos estão longe de ser superadas. Do mesmo modo, nas relações entre os alunos, nos espaços em que o poder dos professores é menos visível ou quase inexistente – áreas de uso comum, pátios de recreio etc. –, as relações de força baseadas na violência física continuam a existir.

No que concerne à violência estrutural no sistema educacional em geral e nos centros escolares em particular, tal como assinalamos em *Educación para la paz* (JARES, 1991), a estrutura organizacional do sistema educacional é o elemento mais problemático com que se defronta a EP, em vista precisamente da configuração violenta da estrutura escolar. Tanto a sociologia da educação e as teorias de currículo, quanto a própria pesquisa em educação para a paz detectam uma série de violências estruturais no sistema educacional, que o transformam em meio não muito favorável para um projeto como o nosso. Salio (1984, 1986) resume os tipos de violência estrutural no sistema educacional no quadro a seguir:

Quadro 1.1 – Violência estrutural na atual forma de educação

Função Social
- Expropriação da função auto-educativa da família e do indivíduo.
- Divisão social do trabalho (manual/intelectual).
- Reprodução da hierarquia social.
- "Estagnação" funcional das relações de dependência econômica.

Relações interpessoais
- Agressividade latente/disciplina/coerção.
- Hierarquia escolar (ministro/delegados/inspetores/diretores/educadores/monitores).
- Meritocracia e competição.

Processo de construção e socialização
- Comunicação hierárquica, de uma "mão" única (antidialógica).
- Parcialização e fragmentação do saber (nocionalidade).
- Etnocentrismo cultural e antropológico (racismo).

Fonte: Salio, 1984, 1986.

Observamos, pois, como algumas formas de violência estrutural produzidas no sistema educacional são reflexo ou reprodução, como queira, das geradas na estrutura social, como o são as que se derivam da classe social, do sexo ou da raça, fundamentalmente; mas, além dessas, há outras que são "próprias" do sistema educacional, sobretudo as derivadas do processo de construção e socialização do conhecimento. Em todo caso, diante delas, não estamos predestinados a reproduzir nem a aceitar passivamente esse estado de coisas. Podem ocorrer, de fato, resistências e transformações no sistema educacional. Esse é precisamente o sentido de um projeto educacional de educação para a paz: tomar consciência das diferentes formas de violência para eliminá-las em maior ou menor medida.

O conceito de conflito

Tanto do ponto de vista da escola quanto da vida social, o conflito tem – assim como o conceito de paz – uma leitura negativa predominante, como algo não desejável, patológico ou anômalo. Da perspectiva ideológico-científica tecnocrática-positivista, o conflito apresenta-se como disfunção ou patologia e, em conseqüência, como uma situação que deve ser corrigida e, sobretudo, evitada. "O conflito e a dissensão interna de uma sociedade são considerados contrários ao bom funcionamento da ordem social" (APPLE, 1986, p.125).

Algumas ações, inclusive, são associadas à violência, confundindo determinadas respostas a um conflito com sua própria natureza. Nesse sentido, é necessário diferenciar agressão ou qualquer comportamento violento – respostas violentas a um conflito – do próprio conflito. "A confusão ocorre porque violência e conflito são tidos como a mesma coisa, quando na verdade a violência é apenas um dos meios para resolver o conflito. A violência tende a suprimir o conflito apontando para a eliminação do adversário. A violência é um meio, o conflito, um estado" (SÉMELIN, 1983, p.44).

Da mesma forma, é necessário distinguir – e, em geral, há um consenso – agressão, ou outros comportamentos violentos, de agressividade ou combatividade. "O primeiro termo designa um ato efetivo; o segundo, refere-se a uma tendência ou disposição" (VAN RILLAER, 1977, p.20). A agressividade é parte da conduta humana, não negativa em si mesma, mas positiva e necessária como força para a auto-afirmação, física e psíquica, do indivíduo e/ou do grupo, e especialmente configurada pelos processos culturais de socialização. A violência não é "sinônimo de agressividade" (VAN RILLAER, 1977, p.27). Ou seja, da "inevitabilidade da agressividade não se deriva a inevitabilidade da violência" (ETXEBERRÍA, 1985, p.35). Por conseguinte, como afirma a Declaração de Sevilha sobre a Violência (UNESCO, 1986), "é cientificamente incorreto dizer que a guerra, ou qualquer outro comportamento violento, é geneticamente programada na natureza humana".

Diante disso, e como conseqüência do legado da Não-violência, da Pesquisa para a Paz e da Teoria Crítica da Educação, o conflito assume seu verdadeiro sentido: um processo natural e intrínseco à vida que, se enfocado de modo positivo, pode ser um fator de desenvolvimento pessoal, social e educativo. Por conflito entendemos um processo de incompatibilidade entre pessoas, grupos ou estruturas sociais, por meio do qual se afirmam ou percebem (diferença entre conflito real e falso conflito) interesses, valores e/ou aspirações contrárias. Convém levar em conta que – contrariando certas publicações sobre o tema –, tanto na gênese quanto na resolução, participam não só pessoas ou grupos, mas também os papéis incorporados, contextos e estruturas sociais em que estão inseridos. É o que denominamos a *estrutura do conflito* (protagonistas, causas, processo e contexto), que já desenvolvemos (JARES, 2001b).

No plano escolar, a partir de uma posição crítica, não apenas se detecta a realidade do conflito que se manifesta, como também se enfatiza a natureza conflituosa das escolas. Essa natureza se explica pela posição dos centros escolares, surgida de sua condição institucional no seio da macropolítica escolar, delimitada pelas relações existentes entre o Estado, a Administração e a sociedade civil; ao mesmo tempo, em sua dimensão micropolítica, determinada pelas relações, igualmente peculiares, entre professores, currículo e estruturas organizacionais (BELTRÁN, 1991, p.225).

E mais: o conflito está presente nos centros educacionais e em toda organização. Se o conflito não se apresentar de forma crônica e seu enfrentamento se der por vias positivas – ou seja, abordado a partir de pressupostos democráticos e não-violentos –, ele acaba por se revelar uma variável fundamental e estratégia preferencial para facilitar o desenvolvimento organizacional autônomo e democrático dos centros educacionais (JARES, 1993, 2001b). Por isso, a postura a ser adotada ante um conflito não é ignorá-lo ou ocultá-lo, o que a longo prazo promove sua cristalização e dificulta sua resolução, mas confrontá-lo de forma positiva e não-violenta. Para isso, é preciso impulsionar os pequenos programas educacionais para a confrontação e resolução não-violenta de conflitos, a começar por aqueles que nos são mais imediatos e próximos[4].

A partir da perspectiva que desenvolvemos, para entender e intervir na dinâmica do conflito, é absolutamente imprescindível analisar tudo o que se relaciona ao uso do poder, visível e/ou oculto, por aqueles que o detêm. Considera-se o poder como central ao conflito em particular e à organização, em geral, dado que o organizacional é o contexto em que se estabelecem as redes de relações, que não são outra coisa senão relações de poder. Muito embora,

a maior parte da literatura tenha se concentrado no primeiro – o poder visível –, com o conseqüente esquecimento do uso do poder para prevenir a oposição [...] Sua consideração é indispensável para compreender por que a inatividade política de uns e, por-

---

4. Um exemplo desse tipo de programa é o que coordenamos na cidade de Vigo, Espanha, em 2000-2004, e que foi reunido no livro *Aprender a conviver* (JARES, 2001a).

tanto, sua conformidade e anuência, não são mais que o resultado de uma atividade política em particular, como afirmam outros autores, sem dúvida a atividade política predileta do poderoso, pela aparência de consenso e satisfação que implica (ALCAIDE, 1987, p.338).

Um exemplo disso é a própria postura de evitar-se o conflito: para os que detêm o poder é uma estratégia de controle e manutenção do *status quo*; para os que não o detêm, pode ser um ato de submissão e acomodação, ou ainda, uma estratégia até conseguir o reequilíbrio do poder.

Em geral, podemos dizer que o poder está relacionado com a capacidade de controle sobre:

- Recursos econômicos e sociais;
- Nível cultural e educacional em geral, e o conhecimento técnico em particular;
- Recursos materiais;
- Fontes de informação;
- Tomada de decisões;
- Capacidade de controlar/manipular os desejos do outro.

Não podemos deixar de sublinhar o papel do conflito nesse modelo crítico da EP até o ponto de considerá-lo como sua especificidade mais significativa (JARES, 1991). Esse papel ou utilização didática do conflito ocorre, em nossa opinião, em três planos complementares:

- Como sensibilização diante de determinados conflitos próprios da ampla cosmovisão da paz: distribuição desigual da riqueza; discriminação por sexo, raça, classe social, etnia ou nacionalidade; vulnerabilidade dos direitos humanos;

- Como desenvolvimento da competência individual e coletiva no uso de técnicas não-violentas de resolução de conflitos;
- Na incidência na organização da sala de aula e do centro educacional, o que nos permite a reflexão e a valorização dos formatos organizacionais em que transcorre a ação educativa.

É desnecessário dizer que esses três planos de intervenção afetam tanto o trabalho do professor com os alunos, quanto o trabalho e as relações entre os próprios educadores e a comunidade educacional em geral.

O conceito de desenvolvimento

O conceito de desenvolvimento, como o da paz, durante séculos teve uma leitura predominante que podemos denominar clássica, limitada, negativa ou economicista, que se associa unicamente ao crescimento econômico. Ou seja, uma concepção ligada de modo exclusivo ao desenvolvimento material de bens e serviços. Essa concepção parte do pressuposto, explícito ou implícito, de que o aumento da produção, medido a partir do produto interno bruto per capita (PIB), traz automaticamente o aumento do bem-estar geral da população. Em conseqüência, envolve:

- Como ponto central, o aumento da produtividade como condição *sine qua non* para produzir bem-estar;
- Progresso medido em variáveis quantitativas;
- Progresso considerado como permanente e ilimitado.

A partir da década de 1980, questiona-se essa concepção de desenvolvimento e, no final da década, surge o *paradigma do desenvolvimento humano,* cuja base principal é a obra de Amartya Sen, ganhador do Prêmio Nobel de Economia. Surge, então, o conflito entre os dois paradigmas, com diferentes parâmetros e significados: o modelo de desenvolvimento *limitado*, atribuído exclusivamente ao crescimento econômico e às suas benesses como fatores de bem-estar social, e a *concepção ampla*, também denominada *desenvolvimento humano* que, além da economia, considera as variáveis sociais e culturais, tanto por serem necessárias em si mesmas, como foco de atenção do desenvolvimento, quanto, em termos instrumentais, por facilitar o próprio desenvolvimento econômico.

Além da amplitude da dimensão do conceito, há uma segunda diferença fundamental entre as duas concepções. Referimo-nos ao objeto essencial de cada uma delas. No caso da opção limitada, a tônica está no crescimento econômico e em seus parâmetros quantitativos; a opção ampla ou desenvolvimento humano volta sua atenção ao ser humano e aos aspectos qualitativos que são parte da vida, para que esta seja digna. Essa é precisamente a concepção que defendemos há muitos anos, em coerência com a concepção de paz positiva, direitos humanos e democracia[5]. Ou seja, um modelo de desenvolvimento não limitado a seus próprios parâmetros econômicos, já que, em si mesmo, todo desenvolvimento faz, inevitavelmente, referência a considerações sociais e culturais. Vários autores e autoras têm se posicionado sobre esse aspecto (ANDERSON, 1998; CLARK, 1991; GRIFFIN, 2001; MAcEWAN, 2001; SEN, 2000; SLIM, 1998), além de diferentes organismos, entre os quais destacamos especialmente a maioria das organizações não-governamentais de ajuda ao desenvolvimento, ongds, e o Programa das Nações Unidas para o Desenvolvimento (PNUD).

Amartya Sen defende esse tipo de enfoque ao destacar que "uma concepção satisfatória de desenvolvimento deve ir muito

---

5. Mais adiante, tivemos de considerar uma nova variável, como foi a questão ambiental e sua relação com as gerações futuras, o chamado desenvolvimento sustentável.

além da acumulação de riqueza e do crescimento do produto interno bruto, e outras variáveis relacionadas à renda. Sem esquecer a importância do crescimento econômico, devemos ir além" (SEN, 2000, p.3). Nesse sentido, conclui: "A contribuição do crescimento econômico deve ser avaliada não apenas pelo aumento da renda privada, mas também pela expansão dos serviços sociais (incluídas, em muitos casos, as redes de proteção social) que o crescimento econômico pode viabilizar" (SEN, 2000, p.60).

Os estudos de Amartya Sen mudam radicalmente a concepção economicista dominante de desenvolvimento, ao considerá-lo sob a perspectiva das capacidades humanas e, com elas, as possibilidades de ser livre. Dessa forma, *a essência do conceito não é o crescimento econômico, mas sim o ser humano*, tal como considera, a partir de 1990, o PNUD em seus relatórios anuais. No último relatório do PNUD (2005, pp.20-1), define-se o desenvolvimento como

> a liberdade e a formação das capacidades humanas, ou seja, a ampliação da gama que as pessoas podem fazer e aquilo que podem ser. As liberdades e os direitos individuais importam muito, mas as pessoas ver-se-ão restringidas naquilo que podem fazer com essa liberdade se forem pobres, doentes, analfabetas ou discriminadas; se forem ameaçadas por conflitos violentos ou se lhes for negada a participação política. É por esse motivo que as "liberdades fundamentais do homem", proclamadas na Carta das Nações Unidas, são um aspecto essencial do desenvolvimento humano.

Por conseguinte, o crescimento econômico, ainda que necessário, não é um fim em si mesmo, mas um meio para o desenvolvimento humano. Assim, o novo paradigma do desenvolvimento humano já não releva o PIB como medida ou indicador do nível de desenvolvimento ou, ao menos, como indicador preferencial. A extensão dos efeitos de conceber o desenvolvimento como desenvolvimento humano significa uma verdadeira mudança paradigmática (GRIFFIN, 2001; HAQ, 1995). O incentivador dos relatórios do PNUD[6], Mahbub ul Haq, a manifesta da seguinte maneira:

A dimensão humana do desenvolvimento não é um detalhe a mais no diálogo sobre o desenvolvimento. É uma perspectiva completamente nova, uma maneira revolucionária de redefinir nossa abordagem convencional ao desenvolvimento. Com essa transição do pensamento, a civilização humana e a democracia deverão alcançar ainda outro degrau. Mais que resíduos do desenvolvimento, os seres humanos finalmente poderão converter-se em seu principal objetivo e sujeito, não uma relegada abstração econômica, mas uma realidade viva, não vítimas indefesas ou escravas dos mesmos processos de desenvolvimento, cujo controle não esteve em suas mãos, mas sim nas de seus amos que elas não controlaram – apenas eles, seus amos. Depois de muitas décadas de desenvolvimento, estabelecer a supremacia das pessoas no desenvolvimento econômico é um apaixonante desafio. Implica caminhar em direção a um novo paradigma de desenvolvimento humano (PNUD, 1995, pp.11-2).

Nos relatórios do PNUD, estruturou-se uma metodologia para mensurar o Índice de Desenvolvimento Humano (IDH), que mede a situação média de um país em relação à capacidade humana básica[7], de acordo com quatro componentes: expectativa

---

6. O primeiro surgiu em 1990.

7. No último Relatório de Desenvolvimento Humano do PNUD, o Brasil ocupa o posto número 63 na categoria países de "desenvolvimento médio" (PNUD, 2005,

de vida, se as pessoas têm uma vida longa e saudável; taxa de alfabetização (educação); taxa de matrícula combinada em educação fundamental, média e superior (educação) e renda real medida em termos de paridade de poder aquisitivo[8]. No relatório do PNUD sobre desenvolvimento humano de 1993, são apresentados os cinco pilares em que se poderia fundamentar uma ordem mundial fundada em pessoas, na esteira do relatório de 1992, que se centrava nas dimensões internacionais de desenvolvimento humano:

- Novos conceitos de segurança que enfatizem a segurança das pessoas, não apenas das nações.
- Novos modelos de desenvolvimento humano sustentável que promovam o investimento em potencial humano.
- Novas formas de colaboração entre o mercado e o Estado que combinem a eficiência do mercado com a compaixão social.
- Novas formas de governo nacional e global que respondam às crescentes aspirações das pessoas, entre as quais se destaca a descentralização.
- Novas formas de cooperação internacional centradas diretamente nas necessidades das pessoas, mais que nas dos Estados.

Outro aspecto importante a ser levado em conta no conceito de desenvolvimento são suas implicações nas relações internacionais e, muito particularmente, no que se tem chamado de intercâmbio

---

p.244). Alguns dados que levam a ocupar esse posto são são: 11,6% de analfabetismo de maiores de 15 anos; 8,2% de pessoas que vivem com menos de um dólar por dia; 22,4% de pessoas que vivem com dois dólares ou menos.

8. Destaque-se que, de quatro componentes nos quais se fundamenta o IDH, dois deles são de tipo educacional. Esse dado, com os estudos que provam que o gasto em educação tende a produzir rendimentos econômicos tão ou mais altos que os obtidos com o investimento em capital físico (outro exemplo disso é o caso da Irlanda), comprovam a importância e a estreita relação que existe entre desenvolvimento e educação.

desigual nas relações Norte-Sul, ou seja, entre os países desenvolvidos do Norte do planeta e os países subdesenvolvidos do Sul do planeta. Como explica John Friedman (1992, p.131), o desenvolvimento humano é um desafio à sociedade mundial:

Os países ricos e os pobres constituem um único sistema mundial, e o superdesenvolvimento daqueles está estreitamente vinculado ao mau desenvolvimento destes. Nenhum desses "desenvolvimentos" é sustentável a longo prazo; e ambos não passam na prova da eqüidade. A visão de um desenvolvimento alternativo é, por conseguinte, tão pertinente aos países centrais da economia mundial quanto aos periféricos.

Assim, a análise do desenvolvimento exige o exame prévio da gênese do mau desenvolvimento (SLIM, 1998; TORTOSA, 2001). Não podemos esquecer a análise que, há anos, se faz sobre a relação entre desenvolvimento e subdesenvolvimento e suas conclusões: o superdesenvolvimento de poucos gera, ao menos em parte, o subdesenvolvimento de outros. A desvinculação entre crescimento econômico e desenvolvimento humano nos leva à compreensão de que são necessárias estratégias para o desenvolvimento humano em resposta tanto ao superdesenvolvimento quanto ao subdesenvolvimento.

O conceito de educação para a paz

Como já dissemos, *concebemos a EP como um processo educativo, contínuo e permanente, fundamentado nos dois conceitos fundadores (concepção de paz positiva e perspectiva criativa do conflito), que, pela aplicação de métodos problematizantes, pretende desenvolver um novo tipo de cultura, a cultura de paz, que ajude as pessoas a entender criticamente a realidade, desigual, violenta, complexa e conflituosa, para poder ter uma atitude e uma ação diante dela* (JARES, 1991, 1992). Dessa definição, assim como das características dos dois conceitos em que se fundamenta, deduzimos os princípios ou significados educativos da EP:

■ Educar para a paz é uma forma particular de educação em valores. Toda educação leva consigo, consciente e inconscientemente, a transmissão de determinado código de valores. Educar para a paz pressupõe a educação a partir de – e para – determinados valores, como a justiça, a cooperação, a solidariedade, o compromisso, a autonomia pessoal e coletiva, o respeito, ao mesmo tempo que questiona os valores contrários a uma cultura de paz, como a discriminação, a intolerância, o etnocentrismo, a obediência cega, a indiferença e a ausência de solidariedade, o conformismo.

■ Educar para a paz é uma educação a partir de e para a ação. Não há educação para a paz se não houver ação prática (HAAVELSRUD, 1976). Tanto no que se refere a nosso papel de educadores-cidadãos, quanto a nosso trabalho com os alunos. O primeiro pressupõe um convite à reflexão sobre nossos comportamentos, compromissos e nossas atitudes, cientes de que quanto menor for a distância entre nosso discurso e nossa ação, entre o currículo explícito e o oculto, mais eficaz será nosso trabalho. O segundo, longe de buscar a passividade, tranqüilidade, a não-ação, propõe dirigir nossa ação para a formação de pessoas ativas e combativas (FORTAT e LINTANF, 1989, p.19). Educar para a paz não visa à educação para a inibição da agressividade – necessária para enfrentar a vida –, mas a sua afirmação e canalização para atividades socialmente úteis.

■ Educar para a paz é um processo contínuo e permanente. Com isso, queremos dizer que se trata de algo mais do que preparar um "trabalho sobre paz" ou celebrar efemérides. As efemérides ou as campanhas pontuais concretas só têm valor educativo se propostas como ponto de motivação ou de arranque, mas nunca de chegada. Ao contrário, a realização de atividades pontuais totalmente descontextualizadas, de caráter burocrático, desinformadas e, inclusive, em ambientes organizacionais hostis ao que se pretende celebrar, costuma ter efeitos completamente contraditórios aos objetivos teóricos da celebração. Como todo processo educacional, exige uma atenção constante tanto das administrações educacionais quanto do professorado, dos projetos pedagógicos da escola ou parâmetros curriculares às programações de sala de aula.

■ A educação para a paz, como dimensão transversal do currículo, afeta todos os seus elementos e etapas educativas. Os temas transversais fazem referência a um tipo de ensinamento que deve ser recolhido em todas as áreas das etapas pedagógicas, o que dimensiona sua influência em todos os elementos do currículo. Portanto,

> devem incorporar-se à programação de cada professor para cultivá-los nas atividades específicas e nos métodos gerais de sua especialidade, ampliando seu sentido educativo. Em certos casos, será preciso definir atividades especialmente dirigidas a esses objetivos transversais do currículo, mas é conveniente que sejam parte de uma filosofia educacional e de uma metodologia que envolva toda a atividade (GIMENO, 1992, p.325).

Em outras palavras, os temas transversais introduzem novos conteúdos no currículo, mas, sobretudo, reformulam e reintegram os existentes a partir de um novo enfoque integrador e interdisciplinar. Ou seja, mais que os entender como outros conteúdos a ser agregados aos já sobrecarregados programas escolares, supõem um novo enfoque interdisciplinar e integrado a ser trabalhado a partir das diversas áreas do currículo.

Como afetam toda a ação educativa de todas as áreas e níveis educacionais, exigem planejamento e correspondente execução e avaliação por parte "de toda a comunidade educacional, especialmente da equipe docente. Em particular, têm de estar presentes no projeto pedagógico do centro educacional, nos parâmetros curriculares e nas programações que o professorado realiza" (MEC, 1992).

Os objetivos e conteúdos prioritários e imprescindíveis para o projeto de educação para a paz encontram-se no quadro 1.2.

Quadro 1.2 - Objetivos e conteúdos

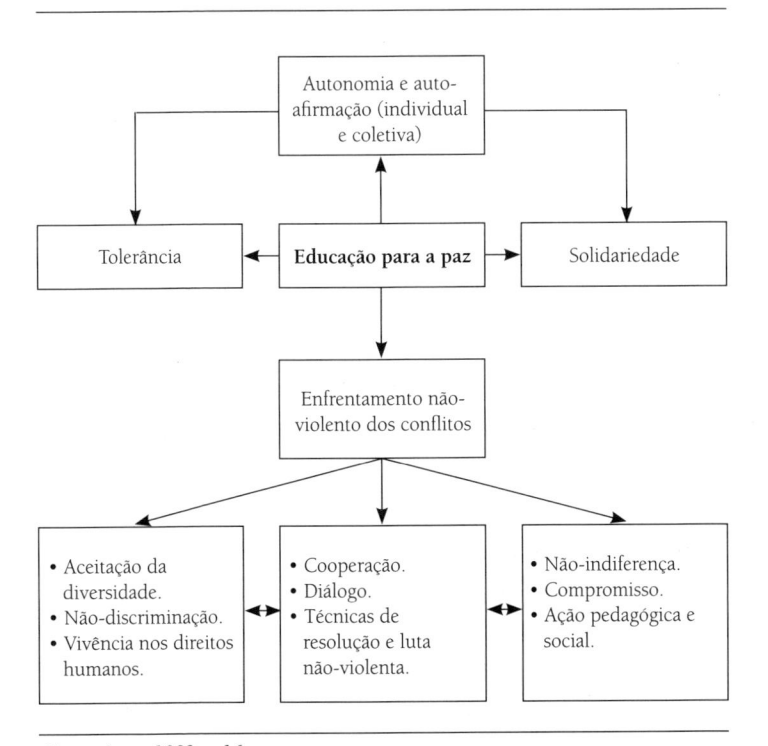

```
                    ┌─────────────────────┐
                    │ Autonomia e auto-   │
        ┌───────────│ afirmação (individual├───────────┐
        │           │ e coletiva)         │           │
        │           └─────────────────────┘           │
        │                      ▲                      │
        ▼                      │                      ▼
┌──────────────┐    ┌─────────────────────┐    ┌──────────────┐
│  Tolerância  │◄───│ Educação para a paz │───►│ Solidariedade│
└──────────────┘    └─────────────────────┘    └──────────────┘
                               │
                               ▼
                    ┌─────────────────────┐
                    │ Enfrentamento não-  │
                    │ violento dos conflitos│
                    └─────────────────────┘
```

• Aceitação da diversidade. • Não-discriminação. • Vivência nos direitos humanos.	• Cooperação. • Diálogo. • Técnicas de resolução e luta não-violenta.	• Não-indiferença. • Compromisso. • Ação pedagógica e social.

Fonte: Jares, 1992, p.16.

Componentes da educação para a paz

Como vimos no primeiro ponto, ao longo de seu desenvolvimento histórico, a EP produziu diferentes acepções ou componentes, em que se enfatizam determinados objetivos e conteúdos. Alguns, inclusive, têm prioridade sobre outros. A partir da perspectiva em que nos situamos, todos eles estão estreitamente ligados, tanto no plano conceitual quanto no didático. Por conseguinte, o estabelecimento de fronteiras ou compartimentos mais ou menos estanques entre uns e outros nos parece dificultar a compreensão. Ao contrário, como temos afirmado, são diferentes componentes de um mesmo processo educativo, particularmente: educação para a compreensão internacional; para os direitos humanos; para o desarmamento; multicultural; para o desenvolvimento; para o conflito e a desobediência. Veremos, a seguir, os objetivos básicos de cada um deles (para uma compreensão mais ampla, ver JARES, 1991, pp.138-63).

■ Educação para a compreensão internacional. É um dos componentes originários da EP, nascido como conseqüência da Primeira Guerra Mundial. Parte do pressuposto da interdependência cada vez maior das nações para, sob este axioma, favorecer essa interdependência mediante o reconhecimento da diversidade cultural, étnica e política dos povos do mundo, ao mesmo tempo que se constatam determinados problemas que afetam o conjunto do planeta, e para os quais é necessária a participação cooperativa da humanidade em sua solução. Outro enfoque fundamental seria transportar para as escolas a necessidade de educar para o respeito à identidade das diferentes nações e para o repúdio à guerra como forma de resolução de conflitos. Por isso, entre os programas mais comumente recomendados, insiste-se em combater todo tipo de preconceito e estereótipo. Mais concretamente, buscam-se os seguintes objetivos:

• Compreender e valorizar a crescente interdependência mundial;
• Reconhecer, respeitar e valorizar a diversidade cultural, étnica e política dos povos do mundo;
• Resistir à idéia de inimigo;
• Favorecer a tolerância;
• Conhecer os diferentes movimentos sociais que, na história e na atualidade, lutam em favor da paz;
• Reconhecer as condições que a idéia de paz positiva encerra.

■ Educação para os direitos humanos e cidadania democrática. Foi criada com a aprovação da Declaração Universal dos Direitos Humanos, em 10 de dezembro de 1948. No capítulo 2, apresentamos seus fundamentos e implicações didáticas. A seguir, resumimos seus objetivos fundamentais:

• Compreender a história da luta pelos direitos humanos e as liberdades fundamentais, fomentando sua prática e seus valores;
• Conhecer os artigos da Declaração Universal dos Direitos Humanos e outras declarações internacionais a ela vinculadas e relacioná-los às condições de vida das pessoas;
• Identificar violações aos direitos humanos, indagar suas causas e possíveis alternativas, ao mesmo tempo que se incentivam atitudes de repúdio às violações;
• Conhecer o trabalho dos organismos que lutam em defesa dos direitos humanos e estimular compromissos em sua defesa;
• Relacionar os direitos humanos às noções de justiça, igualdade, liberdade, paz, dignidade e democracia;

- Identificar as causas sociais que geram violência e valorizar as estratégias de luta que contribuem para o desaparecimento de todo tipo de violência;
- Incentivar a participação e a cidadania democrática.

■ Educação multicultural. No Estado espanhol, diferentemente do Brasil, a nova situação social e cultural criada com a imigração provocou o recente "boom" pedagógico da educação multicultural e, com ela, a necessidade de adequar a resposta educativa da escola a essa nova realidade. No entanto, essa situação em nosso país não deixa de ocultar dupla perversão: a educação multicultural não surgiu por causa da realidade plurinacional ou plurilíngüe do Estado, de um lado, tampouco com os espanhóis de etnia cigana, de outro. Por isso, a educação multicultural na Espanha, mesmo integrando a temática mais recente dos imigrantes e exilados ou refugiados, não pode esquecer a dívida histórica ainda não satisfeita, que consiste em integrar ao currículo de todos os espanhóis – tenham ou não culturas diferenciadas, ciganos ou não – o pleno reconhecimento e vivência tanto da realidade plurinacional e plurilíngüe do Estado espanhol quanto da cultura cigana. Essa mesma dívida histórica deve ser reconhecida no Brasil em relação aos povos indígenas. Dessa forma, a educação multicultural não só inclui os imigrantes e seus filhos, ou as comunidades autônomas com língua e cultura próprias, mas "esse tipo de ensinamento se concentra claramente em todas as crianças e todos os educadores, e não apenas nos filhos de imigrantes". Trata-se, pois, de uma "educação centrada na diferença e pluralidade cultural, muito além de uma educação para aqueles culturalmente diferentes" (PUIG, 1991, p.16).

Os objetivos são:

- Valorização da diferença e respeito pelo outro;
- Visão conflituosa da realidade e do contato entre culturas, assim como de conflitos internos a cada cultura;
- Análise crítica dos estereótipos e dos preconceitos (superioridade de uma raça sobre a outra; de uma cultura sobre a outra; associação da imigração com a delinqüência etc.);
- Estímulo à prática da solidariedade;
- Desenvolvimentos de atitudes críticas em relação ao conformismo e à indiferença.

■ Educação para o desarmamento. Sem dúvida, é o componente mais facilmente demarcável da EP. Com grande destaque na década de 1980, em vista da corrida armamentista dos blocos militares existentes à época, Pacto de Varsóvia e OTAN, teve certo recuo com a queda do muro de Berlim em 1989 e as possibilidades que se abriam para os chamados "dividendos da paz", ou seja, investir em gastos sociais as volumosas cifras dos gastos militares. Entretanto, a história desses últimos anos demonstrou que, além de os gastos militares e o armamentismo não terem decrescido, ainda aumentaram de forma espetacular com a chamada "guerra contra o terrorismo".

O enfoque de uma educação para o desarmamento com o qual nos identificamos se apóia nas inter-relações desse conceito com o de desenvolvimento e de direitos humanos. Além disso, essa perspectiva ampla combina os aspectos informativos com aqueles que favorecem a criação de atitudes críticas que gerem nos estudantes condutas opositoras à "incitação à guerra, à propaganda e ao militarismo em geral" (UNESCO, 1980, p.7). Em resumo, pretende-se ensinar não tanto o que pensar sobre o desarmamento, mas como pensar sobre ele. Por conseguinte, se deveria tratar a solução de problemas com a finalidade de desenvolver a capacidade analítica e crítica para examinar e avaliar as medidas práticas dirigidas a reduzir os armamentos e eliminar a guerra como prática internacional aceitável (UNESCO, 1980, p.8).

Concordamos, muito particularmente, com o Informe Final do Congresso Mundial de Educação para o Desarmamento, celebrado em Paris, em junho de 1980, no qual se configura a educação para o desarmamento como um componente da EP, com o objetivo de sensibilizar sobre quatro grandes questões[9]:

- O conceito de desarmamento *versus* corrida armamentista e o comércio de armas;
- O sistema de guerra e seus efeitos para a humanidade e o meio ambiente;
- A relação militarismo, subdesenvolvimento e direitos humanos;
- A segurança e as alternativas não-violentas de defesa.

Mais particularmente, os objetivos são:

- Compreender o conceito de desarmamento e favorecer atitudes positivas para sua aplicação;
- Analisar o Estado-nação e o sistema de guerra;
- Conhecer causas, natureza e conseqüências do rearmamento;
- Comparar os gastos militares com as necessidades sociais;
- Analisar o comércio de armas;

---

9. Questões ou conteúdos que voltam a ter plena atualidade e urgência, em tempos de guerra preventiva e rearmamento generalizado, serão desenvolvidos no capítulo 2.

- Questionar o militarismo e sua relação com a aplicação dos direitos humanos e o subdesenvolvimento;
- Compreender e favorecer a objeção de consciência ao serviço militar e à guerra;
- Analisar o medo e a segurança dentro e entre países;
- Favorecer alternativas não-violentas de defesa;
- Favorecer atitudes críticas diante de discursos belicistas, "a incitação à guerra, a propaganda e o militarismo em geral" (UNESCO, 1980, p.7).

■ Educação para o desenvolvimento. Inicialmente, a educação para o desenvolvimento não se configura como um componente da EP. No entanto, tal como já vimos, o conceito de desenvolvimento evolui e aproxima-se do conceito de paz positiva. Da mesma forma que a tradição dos direitos humanos – inequivocamente ligados ao campo da educação para a paz –, a distância inicial entre direitos humanos e desenvolvimento, tanto na teoria quanto na prática, vem se reduzindo até o extremo em que o desenvolvimento passa a ser reclamado como um direito humano. Por isso, consideramos a educação para o desenvolvimento um componente da EP assentado no conceito amplo de desenvolvimento e na solidariedade.

Os objetivos são:

- Conhecer o conceito de desenvolvimento e analisar suas relações com o de paz e de direitos humanos;
- Analisar os antecedentes históricos do subdesenvolvimento;
- Analisar e propiciar atitudes críticas sobre o intercâmbio desigual nas relações Norte-Sul;
- Analisar e propiciar atitudes críticas à chamada nova ordem econômica internacional;

- Compreender o problema da dívida externa e a relação entre neoliberalismo e situação do Terceiro Mundo;
- Analisar a situação da população do hemisfério sul e os problemas migratórios. O caso dos refugiados;
- Questionar a problemática da alimentação e da fome;
- Compreender os processos de industrialização, transferência tecnológica, contaminação e catástrofes industriais nos países dependentes;
- Indagar e questionar a relação entre comércio de armas e subdesenvolvimento;
- Estimular atitudes de solidariedade;
- Questionar as atitudes paternalistas e neocoloniais para com o chamado Terceiro Mundo;
- Relacionar nossos hábitos de consumo com a educação para o desenvolvimento.

■ Educação para o conflito e a convivência. Como já vimos, um dos conceitos fundadores e centrais da EP é o conflito. A partir dessa perspectiva, analisamos e formulamos nossas propostas de educação para a convivência, uma vez que não há convivência sem conflito e que, longe de negá-lo, o pressupomos como uma de suas características. Como já destacamos,

> a aprendizagem da convivência – para sermos mais precisos, de determinado modelo de convivência – é inerente a qualquer processo educativo, e assim tem sido historicamente. Aprender a conviver em um marco de regras determinadas é uma das funções atribuídas à educação, tanto nos limites familiares quanto nos sistemas educacionais formais. De tal forma que os modelos de convivência, as estratégias e inclusive as instituições responsáveis por tais aprendizados mudam, mas a educação – consciente ou inconscientemente – sempre traz consigo determinada

acepção de convivência. Como conseqüência, a primeira obrigação que devemos questionar é o tipo de convivência que aspiramos a viver e para a qual pretendemos educar, conscientes de que apostamos boa parte de nosso futuro em ambos os desafios (JARES, 2006, p.11).

Inerente ao processo de aprendizagem dos modelos de convivência está um conteúdo tradicional da EP: o questionamento do conformismo e da obediência. Diante do culto da obediência, tão presente na educação tradicional, tem emergido na história da educação posições críticas diante dela a partir de diferentes âmbitos ideológico-científicos, que reunimos em três grandes correntes de pensamento:

• A tradição renovadora da escola, que se inicia no século XVII com o célebre livro *Didática magna*, de Juan Amós Comenio, ao qual se juntam enfoques como os de Jean-Jacques Rousseau seguidos de muitos outros, como o de Maria Montessori, Adolfo Ferrière ou Cèlestin Freinet.

• A tradição do pensamento não-violento – muito especialmente de Henry David Thoreau e Mahatma Gandhi – e sua consistência no campo educativo, entre os quais citamos o pedagogo e sacerdote italiano Lorenzo Milani.

• A tradição do pensamento anarquista que, no campo educacional na Espanha, teve em Francesc Ferrer i Guàrdia um representante genuíno.

Dentre todas, foi o pensamento não-violento que exerceu maior influência. Na perspectiva dessa filosofia, a desobediência é reivindicada diante de duas possíveis situações: de um lado, como opção legítima ante os sistemas sociais e educacionais embasados na opressão e na dominação; de outro, como crítica ao conformismo e à obediência cega. Em ambos os casos, a pergunta que se fez em diferentes períodos históricos, sob a ótica da não-violência, ao analisar as situações de dominação e opressão que viveu e vive a sociedade, é: como é possível um grupo minoritário controlar toda a sociedade? A conclusão a que se chega é simplesmente arrasadora: somente com a colaboração ou cumplicidade da maioria. Para chegar a esse estado de passividade e conformismo se utiliza, entre outros meios, a educação que se sustenta na obediência à autoridade paterna, à autoridade do professor, do estamento religioso, militar etc.

Os objetivos são:

- Favorecer a afirmação e a confiança em si mesmo como o primeiro passo para confiança nos demais;
- Reconhecer o conflito como natural e inevitável à condição humana;
- Identificar e exercitar-se na análise dos conflitos;
- Conhecer e praticar técnicas e estratégias de enfrentamento não-violento dos conflitos;
- Identificar os reais interesses das ideologias que encobrem determinados conflitos;
- Favorecer atitudes de desobediência ante situações de injustiça;
- Conhecer pessoas, organizações e fatos históricos nos quais tenham sido aplicados métodos de luta não-violenta.

Implicações educacionais[10]

O contexto organizacional

Em primeiro lugar, devemos lembrar que todo projeto educacional é realizado e pressupõe determinado formato organizacional. Desprezar essa relação decorre da tradicional segregação com que a dimensão organizacional costuma tratar as questões curriculares. O caso da EP não foi exceção. Como já assinalamos em Jares (1994b), tanto no Estado espanhol quanto para além de nossas fronteiras, os trabalhos, as publicações e pesquisas sobre essa dimensão educacional têm focado dois aspectos essenciais: o que (os conteúdos) e como (relacionado unicamente à metodologia). Nos dois casos, as questões organizacionais têm sido evitadas. No entanto, a renovação qualitativa dos processos de ensino-aprendizagem, e a EP é um deles, tem de levar necessariamente à renovação das estruturas organizacionais.

Por conseguinte, um projeto curricular de EP precisa abordar a relação dos temas organizacionais – a estrutura organizativa, as normas, o estilo de direção, a participação, a comunicação, o sistema de relações, a delegação de funções, o tratamento dos conflitos, a avaliação institucional etc. – com os valores e objetivos do projeto.

Em segundo lugar, não podemos esquecer que o próprio conceito de paz positiva com o qual trabalhamos pressupõe, tanto no plano social quanto no escolar, algumas relações inequívocas e situações sociais que fazem referência direta a determinado tipo de estruturas organizacionais. Se a paz é uma ordem social antagônica a algumas relações sociais violentas, assimétricas, injustas,

---

10. Também consideramos a criação de um grupo de apoio mútuo e confiança como uma implicação educativa fundamental e imprescindível em qualquer nível educacional no qual trabalhemos. O tema será desenvolvido no capítulo 2.

alienantes, forçosamente deve ter sua tradução no plano escolar, e não apenas no curricular – analisar tais estruturas para tomar consciência delas e estimular atitudes de transformação –, como também em sua dimensão organizativa-estrutural. E isso não só para buscar a coerência entre os fins e os meios a empregar, mas também porque toda organização pressupõe, explícita e implicitamente, certos valores, determinado currículo organizacional oculto. Assim, por exemplo, mais que refletir sobre os direitos humanos, trata-se de vivê-los no centro educacional.

O ambiente da escola deve ser o de uma comunidade onde todos os indivíduos são tratados igualitariamente. Os princípios dos direitos humanos devem refletir-se na organização e administração da vida escolar, nos métodos pedagógicos, nas relações entre professores e alunos e entre os próprios mestres, como também na contribuição dos educandos e educadores ao bem-estar da comunidade (UNESCO, 1969, p.21).

Em terceiro lugar, um projeto educacional de EP necessariamente implica democratização das estruturas escolares. E isso tanto pelo conceito de paz positiva em que se fundamenta quanto pelas implicações organizativas dos direitos humanos. Nestes tempos de pós-modernismo, mercantilismo da democracia e auge de movimentos neofascistas, é necessário, tanto no plano social quanto no educativo, promover novo impulso regenerador ao que denominamos cultura democrática. Uma cultura de paz exige e implica uma cultura democrática. Se quisermos que a escola forme pessoas democráticas e participativas, ela deve estar organizada com base nesses pressupostos. Por isso, a busca de uma sociedade plenamente democrática requer não só que o sistema educacional incentive uma atitude livre e participativa para a vida social futura, ou de adultos, mas também que – tal como têm insistido diversos autores, dos clássicos aos contemporâneos – o próprio sistema educacional articule-se pelos princípios em que se fundamentar.

Para avançar nessa direção, é necessário modificar os enfoques burocráticos e de "culto à eficiência" da organização escolar – aos quais, ultimamente, recorreu-se com maior ênfase – por outros mais descentralizados, participativos e democráticos. De forma resumida, podemos dizer que uma organização democrática preocupada em ser, em si mesma, fonte de irradiação de valores característicos de uma cultura de paz, deve refletir e fazer uma auto-avaliação contínua sobre os seguintes aspectos:

- A forma como se exerce o poder e, associado a ele, a tomada de decisões;
- O poder e sua incidência na organização, que pode estar matizado ou "cruzado" por outras variáveis como sexo, classe social, raça. Nesse sentido, a construção "de uma cultura participativa requer o incentivo da inserção dos grupos menos influentes – alunos, pais com baixo nível cultural, mulheres..." (SAN FABIÁN, 1992, p.113);
- Levando em conta as concepções "técnicas" que consideram o funcionamento organizacional incompatível com o conflito, devemos situá-lo e analisá-lo a partir de e para um contexto de conflito;
- A cultura de cooperação, que da mesma forma exige uma cultura de paz, requer que o próprio centro estimule, em todos os setores da comunidade educacional, a participação como um valor social. Para isso, além de impulsionar a participação interna em seus assuntos, o centro escolar deve integrar-se e envolver-se nas questões que afetam a comunidade onde está inserido. Assim, a participação, tanto na dimensão de gestão quanto educativa, é um direito e uma necessidade do processo educacional institucional escolar.

A metodologia didática: o método socioafetivo

As linhas metodológicas de um processo educacional configurado a partir da EP devem cumprir os seguintes requisitos:

■ Compatibilizar a metodologia com a idéia de paz positiva. Nesse sentido, insiste-se na utilização dos métodos dialógicos, experienciais e de investigação, pelos quais não apenas serão alcançados determinados objetivos no aspecto clássico como também, e ao mesmo tempo, se aprenderão outros relacionados ao próprio processo de aprendizado. As técnicas em que se consolida essa orientação geral vão fomentar a participação, o trabalho em equipe e a cooperação. O alunado deve ser instigado a participar e a definir as próprias condições do processo de ensino-aprendizagem.

■ A utilização preferencial do enfoque socioafetivo. Fundamentos e etapas concretos do enfoque:

• Vivência de uma experiência, real ou simulada, como ponto de partida. Como desenvolvemos em *Educación para la paz* (1991, pp.174-6), a vertente intelectual do processo de ensino-aprendizagem não deve ser separada do componente afetivo e experiencial, requisitos que definem o método socioafetivo: "desenvolvimento conjunto da intuição e do intelecto voltado a expandir nos alunos uma compreensão mais ampla, tanto de si mesmos quanto do outro, mediante a combinação de experiências reais (em contraponto ao estudo 'clássico') e de análise" (UNESCO, 1983b, p.105). Como demonstra a experiência, "o desenvolvimento de atitudes e valores não surge de maneira automática com a simples aquisição de alguns conhecimentos e de uma consciência dos fatos. Essas qualidades se desenvol-

verão nas crianças pela experiência pessoal e pela participação" (CLASSEN-BAUER, 1979, p.187).
- Descrição e análise da experiência. Isto é, trata-se de descrever e analisar as próprias reações das pessoas que tenham participado da situação experiencial anterior, a começar pela análise dos próprios processos decisórios que tenham sido levados a cabo. Ao mesmo tempo, trata-se de aprimorar outra característica essencial: o *desenvolvimento da empatia*.

 Pode-se considerar que o conceito de empatia – sentimento de concordância e correspondência com o outro – contém dois elementos inter-relacionados: 1) sentimento de segurança e confiança no outro, o qual resulta da confiança em nós mesmos; 2) habilidade que pode ser aprendida e que consiste em uma crescente sensibilidade e concentração que nos permitem compreender as mensagens verbais e não verbais procedentes do outro (WOLSK, 1975, p.9).
- Contrastar e, se possível, generalizar a experiência vivida com situações exteriores à vida real. Essa fase relaciona-se a processos de tipo intelectual, como a descrição e a análise dos processos decisórios vividos na "situação experiencial", assim como sua correlação e inferências com o mundo real. Trata-se, pois, de relacionar o micronível do grupo com o meio ou o macronível da sociedade local, nacional ou internacional.

As *aprendizagens curriculares*

Os conteúdos da EP estão incluídos nos componentes já discutidos. Nesse ponto, vamos nos concentrar apenas em seu tratamento didático, fundamentalmente pelas unidades didáticas.

Com as unidades didáticas consolidamos os parâmetros curriculares e o projeto pedagógico do centro escolar no contexto do grupo com o qual se trabalha. Com relação aos temas transversais, costumamos utilizar duas formas complementares de trabalho:

- Concretização das atividades comuns do centro escolar no grupo específico com o qual se trabalha.
- Integração dos temas transversais nas unidades didáticas. Essa via, que é a mais habitual, a mais frutífera e a que nos interessa neste ponto, por sua vez, tem três possibilidades (JARES, 1992):
    1. Trabalhar certos elementos curriculares de algum tema transversal em determinada unidade didática;
    2. Elaborar unidades didáticas interdisciplinares entre duas ou mais áreas, em que se incluem conteúdos transversais;
    3. Elaborar unidades didáticas específicas sobre algum conteúdo de um ou mais temas transversais coincidentes com os conteúdos de alguma área.

Um exemplo do primeiro caso seria o tratamento didático, com suas atividades correspondentes, de certos usos da língua que supõem discriminação sexual ou de outro tipo (tema transversal da educação para a desigualdade entre os sexos), englobado em uma unidade didática sobre o uso oral ou escrito da língua na área de língua castelhana, ou literatura, ou língua galega, no caso da Galícia*. Um exemplo do segundo caso seria a elaboração de uma unidade didática sobre discriminação, em que seus objetivos e conteúdos – e as atividades correspondentes – são elaborados e se realizam em torno de tal conceito, a partir de áreas distintas como podem ser a língua, as ciências sociais, as ciências naturais, a educação física etc., e nas quais intervêm diferentes temas transversais: educação para a paz, educação para a igualdade entre os sexos, educação para a saúde.

Um exemplo do terceiro caso é a realização de uma unidade didática na área de ciências sociais, geografia e história e, no segundo ano do Ensino Médio, sobre "Os conflitos no mundo atual" (educação para a paz). As estratégias de elaboração são igualmente diferentes. No primeiro caso, um conteúdo de tipo atitudinal complementa e, ao mesmo tempo, afeta de forma transversal os demais conteúdos de natureza distinta da unidade didática. No segundo caso, ao contrário, áreas diferentes com seus distintos campos de conhecimento ficam a serviço do estudo de um tópico de um ou mais temas transversais, como é o caso da discriminação. No terceiro caso, um professor/a seleciona os conceitos, os procedimentos e as atitudes do currículo de sua área que coincidam com os conceitos, os procedimentos ou as atitudes de um ou mais temas transversais.

A avaliação

A avaliação não deve centrar-se apenas nos educandos e, mais particularmente, em seus resultados, tal como se costuma fazer. Ao contrário, como se observa em documentos de referência, a avaliação deve ser um processo contínuo que afeta todos os elementos que intervêm no processo educacional: educadores, metodologias, recursos empregados, organização do centro escolar, programas, alunado etc.

De acordo com a especificidade da EP, a avaliação deve ser preferencialmente de tipo qualitativo, tornando-se, em si mesma, educativa. Como conseqüência, a avaliação passa a ser um processo dialogado e compartilhado entre professores e alunos, essencialmente.

Em geral, os seguintes critérios fundamentais devem ser considerados:

---

* No Brasil, literatura e língua portuguesa. (N. de T.)

- Como se julgam as pessoas e os grupos sociais, etnias etc., estranhos ao endogrupo: grau de aceitação das diferenças e da diversidade (cultural, lingüística, racial, sexual etc.); grau de tolerância e respeito; grau de solidariedade com os excluídos etc.

- Nível de compromisso com os valores de paz: justiça, solidariedade, respeito, igualdade, não-violência, entre outros já mencionados.

- Grau de cooperação: tipo de clima social existente; formas de relacionamento (alunado-professorado; alunos entre si; educadores e pais etc.); tipo de habilidades sociais predominantes nas relações escolares.

- Nível de participação nas atividades de grupo e grau de respeito às normas de funcionamento: participação (quem participa, sobre quais temas, em quais contextos etc.); grau de responsabilidade e de oportunidade de alunos, professores e pais na tomada de decisões; grau de discussão sobre os critérios organizacionais. Até que ponto práticas democráticas são permitidas/estimuladas na escola? Quem assume a responsabilidade por sua elaboração, prática e avaliação? Qual o grau de aceitação e respeito pelos outros, os canais de comunicação utilizados etc.

- Formas de confrontação dos conflitos: atitude adotada; estratégias postas em prática; grau de respeito às alternativas adotadas etc.

Deve-se levar em conta que, para compreender os autênticos significados do currículo e do processo de institucionalização escolar em geral, é necessário questionar e entender o alcance e as dimensões do currículo e da cultura escolar, tanto em seus aspectos explícitos quanto ocultos, bem como as possíveis contradições ou incoerências que possam existir entre ambos. Nesse sentido, uma das grandes diretrizes das práticas educacionais configuradas a partir da EP é a conquista da coerência entre o currículo explícito e o oculto. Uma forma de comprová-lo é responder às perguntas relacionadas anteriormente.

Em resumo, a partir de uma perspectiva criativa e reflexiva, devemos examinar tanto as questões didáticas e organizacionais, quanto as sociais, políticas e filosóficas que intervêm no currículo.

Bibliografia

ALCAIDE, M. *Conflicto y poder en las organizaciones*. Madri: Ministerio de Trabajo y Seguridad Social, 1987.
ANDERSON, M. B. "Entender la diferencia y construir solidaridad: Un reto para las iniciativas de desarrollo". Em VV.AA., *Desarrollo y diversidad social*. Madri: CIP-Icaria, 1998, pp.9-17.
APPLE, M. W. *Ideología y currículo*. Madri: Akal, 1986.
BELTRÁN, F. *Política y reformas curriculares*. Valência: Universidad de Valencia, 1991.
BOVET, P. *La psicología y la educación para la paz*. Madri: La Lectura, 1928.
CLARK, J. *Democratizing development: The role of voluntary organizations*. Londres: Earthscan, 1991.
CLASSEN-BAUER, I. "Educación para la comprensión internacional". Em *Perspectivas*, IX, 2 (1979).
CURLE, A. *Conflictividad y pacificación*. Barcelona: Herder, 1978.
DAS, R. C. e N. K. JANGIRA. "Objetivos, programas y métodos educativos en el estudio de la escuela primaria". Em UNESCO-CMOPE, *Didáctica sobre cuestiones universales de hoy*. Barcelona: Teide/UNESCO, 1986.
ETXEBERRÍA, X. "La educación ante el fenómeno de la violencia". Em *Hitz Irakaskuntza*, maio 1985.

FORTAT, R. e L. LINTANF. *Éducation aux droits de l'homme*. Lyon: Chronique Sociale, 1989.

FREIRE, P. "1986: Año mundial de la paz". Em *El Correo de la UNESCO*, dez. 1986.

FRIEDMAN, J. *Empowerment: The politics of alternative development*. Oxford: Blackwell, 1992.

GALTUNG, J. "Violence, peace and peace research". Em *Journal of Peace Research*, 6 (1969) 167-91.

_____. "Conflict as a way of life". Em *Essays in Peace Research*. v.III, Copenhague: Ejlers, 1978.

_____. "Contribución específica de la Irenología al estudio de la violencia". Em UNESCO, *La violencia y sus causas*. Paris: UNESCO, 1981a.

_____. "Hacia una definición de la investigación sobre la paz". Em UNESCO, *Investigación sobre la paz. Tendencias recientes y repertorio mundial*. Paris: UNESCO, 1981b.

_____. *Sobre la paz*. Barcelona: Fontamara, 1985.

GANDHI, M. *Todos los hombres son hermanos*. Salamanca: Sígueme, 1988. [Edição brasileira: *Somos todos irmãos*: São Paulo: Paulus, 1999.]

GIMENO SACRISTÁN, J. "Ámbitos de diseño". Em J. GIMENO SACRISTÁN e A. PÉREZ GÓMEZ, *Comprender y transformar la enseñanza*. Madri: Morata, 1992, pp.265-333.

GRIFFIN, K. "Desarrollo humano: origen, evolución e impacto". Em P. IBARRA e K. UNCETA, *Ensayos sobre el desarrollo humano*. Barcelona: Icaria, 2001, pp.25-40.

HAAVELSRUD, M. "The hidden connection". Em *II Convention of the International Association of Educators for World Peace*. Sendai (Japão): IPRA, 1976.

HAQ, M. U. *Reflections on human development*. Oxford: Oxford University Press, 1995.

JARES, X. R. "Educación para la paz". Em *Cuadernos de Pedagogía*, 107 (1983) 69-72.

———. "Estudio introductorio sobre la situación de la educación para la paz en España". Em VV.AA., *Seminario sobre formación de monitores de educación para la paz*. Madri: Cruz Roja Española, 1989.

———. *Educación para la paz. Su teoría y su práctica*, 3. ed. 2005. Madri: Popular, 1991. [Edição brasileira: *Educação para a paz. Sua teoria e sua prática*. Porto Alegre: Artmed, 2002.]

———. *Transversales. Educación para la paz*. Madri: MEC, 1992.

———. "Los conflictos en la organización escolar". Em *Cuadernos de Pedagogía*, 218 (out. 1993a) 71-5.

———. "Transversalidade e proxecto educativo". Em *Revista Galega de Educación*, 18 (out. 1993b) 8-14.

———. "A participación nos centros escolares. Reflexions para sair dunha crise". Em *Revista Galega de Educación*, 21 (1994a) 26-33.

———. "Educación para la paz y organización escolar". Em A. FERNÁNDEZ HERRERÍA (coord.), *Educando para la paz. Nuevas propuestas*. Granada: Universidad de Granada, 1994b.

———. *Aprender a convivir*. 3. ed., 2006. Vigo: Xerais, 2001a.

———. *Educación y conflicto. Guía de educación para la convivencia*. Madri: Popular, 2001b.

———. *Pedagogía de la convivencia*. Barcelona: Graó, 2006.

MAcEWAN, A. *¿Neoliberalismo o democracia? Estrategias y alternativas económicas para el siglo XXI*. Barcelona: Intermón/Oxfam, 2001.

MEC. "Prólogo". Em *Temas transversales* (Cajas rojas). Madri: MEC, 1992.

MONTESSORI, M. *Educação e paz*. Queluz de Baixo: Portugalia [s.d.] [Edição brasileira: *A educação e a paz*. Campinas: Papirus, 2004.]

PNUD. *Informe sobre desarrollo humano 2005. La cooperación internacional ante una encrucijada.* Madri: PNUD/Mundi-Prensa, 2005. [*Relatório do desenvolvimento humano 2005. A cooperação internacional numa encruzilhada*: PNUD, 2005. Disponível em: <http://www.pnud.org.br/rdg>

PUIG, G. "Hacia una pedagogía intercultural". Em *Cuadernos de Pedagogía*, 196 (out. 1991)12-8.

ROSELLÓ, P. *La escuela, la paz y la sociedad de naciones.* Madri: La Lectura [s.d.]

SALIO, G. "Educazione alla pace come educazione alla nonviolenza". Em *Scuola e Città*, 9 (set. 1984).

_____. "Teoria e pratica dell'educazione alla pace". Em D. NOVARA e L. RONDA, *Scegliere la pace. Guida metodologica.* Turim: Abele, 1986.

SAN FABIÁN, J. L. "Gobierno y participación en los centros escolares: sus aspectos culturales". Em VV.AA., *Cultura escolar y desarrollo organizativo. II Congreso Interuniversitario de Organización Escolar.* Sevilha: Universidad de Sevilla, 1992, pp.79-118.

SANTULLANO, M. "Internacionalismo". Em *Revista de Pedagogía*, V, 51 (mar 1926) 97-102.

SÉMELIN, J. *Pour sortir de la violence.* Paris: Les Éditions Ouvrières, 1983.

SEN, A. *Desarrollo y libertad.* Barcelona: Planeta, 2000. [Edição brasileira: *Desenvolvimento como liberdade.* São Paulo: Companhia das Letras, 2000.]

SLIM, H. "Qué es el desarrollo". Em VV.AA., *Desarrollo y diversidad social.* Madri: CIP-Icaria, 1998, pp.65-70.

TORTOSA, J. M. *El juego global.* Barcelona: Icaria, 2001.

UNESCO. *Algunas sugestiones sobre la enseñanza acerca de los Derechos Humanos.* Paris: UNESCO, 1969.

_____. *Educación para el desarme. Congreso Mundial de Educación para el Desarme. Informe y documento final.* Paris: UNESCO, 1980.

_____. *La educación para la comprensión, la cooperación y la paz internacionales y la educación relativa a los derechos humanos y las libertades fundamentales, con miras a fomentar una actitud favorable al fortalecimiento de la seguridad y el desarme*. Paris: UNESCO, 1983a.

_____. *La educación para la cooperación internacional y la paz en la escuela primaria*. Paris: UNESCO, 1983b.

_____. *El Plan de Escuelas Asociadas a la UNESCO*. Paris: UNESCO, 1985.

VAN RILLAER, J. *La agresividad humana*. Barcelona: Herder, 1977.

VÁRIOS AUTORES. "Declaración sobre la violencia". Em *Revista de estudios de juventud*, 24 (dez 1986)107-9.

WEYER, G. "Écoles non-violentes". Em B. BAYADA et alii, *Pour une éducation non-violente*. Montargis: Non-Violence Actualité, 1988.

WOLSK, D. *Un método pedagógico centrado en la experiencia. Ejercicios de percepción, comunicación y acción*. Paris: UNESCO, 1975.

2. Educação e direitos humanos

Partindo da análise do conceito de direitos humanos e das características que o identificam, apresentamos os princípios didáticos e as estratégias organizacionais a partir dos quais é recomendável abordar a educação para os direitos humanos. Dessa forma, e intercalando diversas propostas concretas de trabalho, o autor desenvolve os três aspectos que considera centrais nessa dimensão educativa: criação de um grupo de apoio mútuo e confiança, organização democrática do centro escolar e confrontação não-violenta dos conflitos.

A assimetria cada vez maior entre os avanços tecnológicos e os sociais, em detrimento destes últimos, torna ainda mais necessário exaltar o conjunto de artigos da Declaração Universal – além dos pactos, convênios e declarações que a expandem – como o desafio fundamental com o qual a humanidade se defronta em um futuro imediato. O acervo cultural, social e político que a Declaração representa é tão importante para o progresso da humanização que, mesmo admitindo certas críticas que lhe tem sido feitas e sem a intenção de criar um novo mito ou religião laica, provavelmente estejamos diante da construção mais importante do ser humano, não apenas do século XX, mas de toda a sua história. Porque, diferentemente de suas antecessoras, a instituição da Declaração supõe um fato inusitado na história da humanidade por dois motivos essenciais. Primeiro, pelo caráter universal, já que não se trata de alguns direitos para a cidadania de determinado país, e sim para todo ser humano sem nenhum tipo de distinção (nesse sentido, a Declaração nos converte indiretamente em cidadãos do mundo), e, segundo, porque se estabelece consenso sobre um rol de direitos e valores com os quais se deve reger a convivência dentro de um Estado e entre os Estados. Para que todas e todos possamos desfrutar os direitos, a educação é chamada a desempenhar um papel fundamental. Com efeito, desde a aprovação da Declaração Universal já se produz a resposta educativa. De um lado, porque o direito à educação está inserido na própria Declaração (Artigo 26); de outro, porque, como se vê no Preâmbulo, a implantação e o aprofundamento dos direitos humanos estão ligados à intervenção da educação. Nesse sentido, certas posições do passado e da atualidade voltam a cair – de maneira oportunista ou ingênua – no "utopismo pedagógico" da primeira onda da educação para a paz, representada pelo movimento da Escola Nova (JARES, 1991, pp.33-7). Mesmo reconhecendo o papel essencial da educação, a vigência dos direitos humanos ocorre em outros espaços sociais, principalmente nos políticos, econômicos e culturais, tal como a história nos ensina. A educação por si só não pode fazer com que todas as mazelas do mundo desapareçam, tampouco devemos permitir que seja manipulada da forma perversa e cada vez mais freqüente entre a classe política de responsabilizá-la por problemas cujas origem e resolução estão em outros âmbitos.

O suporte conceitual

Ao longo de seu desenvolvimento histórico, a Declaração converte-se no grande instrumento mobilizador da educação para os direitos humanos, tanto por sua bagagem educativa quanto pela intencionalidade das Nações Unidas de transformá-la em instrumento pedagógico de conscientização "verdadeiramente popular e universal" (aspectos que, lamentavelmente, cinqüenta anos depois constatamos que não foram cumpridos). Vejamos, pois, os significados do conceito de direitos humanos, observando que o cenário que apresentamos condicionará, em parte, as estratégias didáticas e organizacionais. Por questões de espaço, vamos nos concentrar nas idéias que consideramos fundamentais (JARES, 1998, 1999, capítulo 1).

A primeira tem a ver com a essência do conceito de direitos: o sentido de dignidade que é, antes de qualquer formulação jurídica ou política, uma condição moral inerente a todo ser humano sem nenhum tipo de distinção, seja econômica, física, cultural, racial, sexual etc. Essa dignidade situa-se entre duas qualidades essenciais: a liberdade e a plena igualdade de todos os seres humanos, que nos conduzem a "não permitir nunca ser tratado nem, portanto, tratar ninguém unicamente como um meio" (MUGUERZA, 1990, p.450). Nesse sentido, podemos dizer que a Declaração promove um conjunto de valores, princípios e normas de convivência que devem configurar essa dignidade humana, assim como a vida em sociedade, ao mesmo tempo que recusa aqueles que lhe sejam contrários. Faz referência, em outras palavras, ao "mínimo indispensável de justiça e humanidade" (TULIÁN, 1991, p.114). Entre os autores que concordam em ressaltar a centralidade da dignidade humana, destacamos CASSESE (1993), ETXEBERRÍA (1998) e PECES BARBA (1982; 1998).

A segunda idéia é de que poucos anos depois da Declaração Universal ser proclamada, começou-se a falar da universalidade e indivisibilidade dos direitos humanos. Já em 1955, as Nações Unidas (ONU A/2929, 1/7/1955) afirmavam que:

> Todos os direitos devem ser desenvolvidos e protegidos. Na ausência dos direitos econômicos, sociais e culturais, os direitos civis e políticos correm o risco de ser meramente nominais; na

ausência dos direitos civis e políticos, os direitos econômicos, sociais e culturais não poderão ser garantidos por muito tempo.

Uma década mais tarde, essas argumentações são alçadas ao Preâmbulo dos Pactos de 1966, o Pacto Internacional de Direitos Civis e Políticos e o Pacto Internacional de Direitos Econômicos, Sociais e Culturais. Além das Nações Unidas, a indivisibilidade e a interdependência têm sido características enfatizadas por diferentes organizações, ativistas e estudiosos, ressaltando que não devem o indivíduo, o grupo ou o país escolher aquele de que mais gostam, como um prato num cardápio (AMNISTÍA INTERNACIONAL, 1998; ETXEBERRÍA, 1998; KELLY, 1997; ORAÁ e GÓMEZ ISA, 1998; SÁNCHEZ e JIMENA, 1995; UNESCO, 1996).

A universalidade é, como já destacamos, uma das características singulares e inovadoras que a Declaração introduz em relação aos textos que a precederam. Com efeito, pela primeira vez na história da humanidade, proclamam-se alguns direitos com validade e aplicação a todos os seres humanos, a todas as raças, sexos, nacionalidades e condições. Entretanto, a universalidade tem sido uma das características mais criticadas por diversos setores sociais e representantes de determinados Estados (AMNISTÍA INTERNACIONAL, 1998; DE LUCAS, 1994; JARES, 1998, 1999). Assim, alguns países da África e Ásia alegaram que os direitos humanos, na realidade, não são uma construção universal, mas uma imposição da visão ocidental dos direitos ao resto do mundo. Considerando o fato de que representantes de todos os países, de todos os continentes, participaram do debate e da aprovação do texto na Assembléia das Nações Unidas, entendemos que não deve haver contradição entre a defesa dos direitos humanos e a defesa das particularidades lingüísticas, culturais etc. de cada país. Ainda mais:

na defesa dessas identidades realiza-se a própria defesa dos direitos humanos, na medida em que aquelas são patrimônio comum da humanidade.

A questão está em saber se aceitamos alguns princípios universais, consubstanciais ao ser humano que – sem nenhum tipo de distinção, por raça, sexo, cultura –, ao mesmo tempo, não neguem as identidades e particularidades, mas que estas, por sua vez, não sejam contraditórias com os princípios anteriores. Por exemplo, teríamos de aceitar o acervo cultural não democrático, sexista, racista de determinada tradição cultural? É evidente, em nossa opinião, que não deve ser conservado sob nenhuma desculpa particularizada – tampouco evidentemente universalista –, mas tem de ser transformado.

A diferença cultural não pode ser vista como dificuldade, mas deve ser considerada enriquecimento do ponto de vista multicultural. Porém, a diferença ou a diversidade não têm relação com a desigualdade, assim como a universalidade não significa uniformidade (JARES, 1998, p.20).

A terceira idéia é de que devemos entender os direitos humanos como um processo e, portanto, como uma noção construída historicamente. Com efeito, a noção de direitos humanos não é um fato isolado, recente ou temerário, e sim parte de um processo gerado ao longo de diferentes períodos históricos (CASSESE, 1993; LEVIN, 1981). Como assinalou R. Cassin (1974), Prêmio Nobel da Paz em 1968, por seu trabalho na Comissão Redatora da Declaração, uma das características do conceito de direitos humanos é a constante expansão de sua idéia e seu conteúdo. Assim, o próprio conjunto de artigos da Declaração foi se completando posteriormente com outras declarações, convênios etc., com especial destaque os pactos internacionais aprovados em

1996: o Pacto Internacional de Direitos Econômicos, Sociais e Culturais e o Pacto Internacional de Direitos Civis e Políticos.

Esses pactos, junto com a Declaração Universal, formam uma unidade conceitual, política e social que foi denominada Ata de Direitos Humanos. Além disso, tal como um processo, o alcance e o significado dos direitos humanos não estão fechados – nem podem estar. Como afirmou N. Bobbio: "a Declaração Universal é apenas o início de um longo processo, do qual ainda não podemos ver a realização última" (1982, p.136). O debate em torno dos chamados direitos de terceira geração é prova do que estamos dizendo.

Na realidade, se a Declaração Universal reúne o que tradicionalmente se convencionou chamar dois tipos de direitos – os de primeira geração, descendentes diretos dos iluministas, também denominados direitos das liberdades, e os de segunda geração, que fazem referência aos direitos sociais, econômicos e culturais, descendentes diretos das revoluções socialistas e do movimento operário de finais do século XIX e início do XX –, desde a década de 1970, reivindica-se a necessidade de incorporar e aceitar outras situações e circunstâncias não reconhecidas na Declaração como direitos humanos, que se chamou de terceira geração dos direitos humanos, também intitulada direitos de solidariedade (ABELLÁN, 1997; ARENAL, 1989; CORTINA, 1994; JARES, 1991; RIOS, 1998; VERCHER, 1998), ou direitos de síntese (ETXEBERRÍA, 1998, p.12).

Contudo, considero oportuno ressaltar que a solidariedade não se circunscreve aos direitos dessa terceira geração, mas é parte do próprio conceito e do conjunto dos direitos humanos. Não existe uma unanimidade no que se refere ao número de direitos humanos que configura essa geração, muito embora em geral quatro sejam os mais mencionados: direito à paz, ao desenvolvimento, ao patrimônio comum da humanidade e a um meio ambiente saudável. Em resumo, como já expressara um dos redatores da Declaração, "à medida que evoluem as relações políticas, econômicas e culturais, surgem outros novos [direitos]" (LOPATKA, 1978, p.23). Além do mais, quando nem bem estão reconhecidos os direitos da terceira geração, já se fala nos direitos da quarta (BOBBIO, 1991), concernentes a novas realidades, entre elas as derivadas da pesquisa genética.

Queremos finalizar esse ponto recordando as conexões conceituais dos direitos humanos com os de paz, democracia e desenvolvimento (JARES, 1998, capítulo 1). Tais conceitos podem ser suscetíveis a análises em separado, mas, a rigor, estão intimamente ligados entre si, de maneira que o exame de um leva-nos inexoravelmente à análise dos outros três, na medida em que são conceitos interdependentes. Essa relação também deverá ser levada em conta tanto na ação social e política quanto no trabalho didático. Por isso, ao tratarmos de educação para os direitos humanos, estamos falando também de educação para a paz, para a democracia e para o desenvolvimento. Os direitos humanos "engendram a necessidade de paz" (FORTAT e LINTANF, 1989, p.23) e vice-versa, ou seja, para que se dê uma situação de paz, é preciso cumprir-se os direitos humanos. Com essa perspectiva, a paz é "o pressuposto necessário para o reconhecimento e a efetiva proteção dos direitos humanos, tanto nos Estados quanto no sistema internacional" (BOBBIO, 1991, p.14). Em sentido negativo, a paz é antagônica à violação dos direitos humanos: não pode haver paz enquanto há relações de domínio, "enquanto uma raça domine outra, enquanto um povo, uma nação, ou um sexo deprecie o outro" (KELLY, 1997, p.87).

Direitos humanos e democracia são expressões distintas de um mesmo universo conceitual e valorativo, de tal forma que não pode haver democracia sem direitos humanos e vice-versa. Como observam Sanches e Jimena (1995, p.13):

> Sem direitos humanos não há democracia em seu sentido amplo, de modo que eles constituem o parâmetro de definição da democracia, evitando que seja confundida com outras formas políticas e, inclusive, pretensas formas democráticas, e vice-versa: é o parâmetro que permite medir a plenitude de um regime que se qualifica como democrático.

No próprio conceito de direitos humanos está implícita a idéia de democracia e de estado de direito:

> A democracia supõe a validade jurídica dos direitos humanos e também a divisão de poderes [...] Por sua vez, o desenvolvimento e a expansão dos direitos humanos supõem uma democracia ou, o que é o mesmo, a liberdade do povo para a configuração de suas próprias leis e para o controle público dos três poderes. Assim se fecha o círculo: a divisão de poderes e a democracia têm seu ponto de partida na idéia dos direitos humanos e nela desembocam (KRIELE, 1982, pp.42-3).

A concepção ampla de desenvolvimento que vimos no capítulo 1 deste livro, que implica não se limitar às suas vertentes econômicas, nos remete à idéia de dignidade e, com ela, ao conceito de direitos humanos. Nas palavras das Nações Unidas, "o processo de desenvolvimento deve promover a dignidade humana" (NAÇÕES UNIDAS, 1981). Na Cúpula Mundial de Desenvolvimento Social de março de 1995, a ONU acordou que "o desenvolvimento social deve ter o ser humano como objetivo principal", assinalando também que deve estar embasado na participação ativa dos indivíduos e das coletividades, no pleno exercício dos direitos humanos e das liberdades civis, na livre determinação dos povos e no pleno respeito à sua identidade cultural. No entanto, tal como se havia argumentado durante o debate de elaboração do texto da Declaração,

sem uma alimentação suficiente, sem casa nem abrigo, sem meios para ter acesso à cultura, sem proteção diante da enfermidade, da velhice, da aposentadoria ou desemprego, é pura hipocrisia dizer a uma pessoa que é livre (CORTINA, 1994, p.105).

Princípios didáticos

A partir da concepção da educação para direitos humanos como um processo educativo contínuo e permanente, assentado no conceito amplo e processual de direitos humanos – e como tal ligado ao desenvolvimento, à paz e à democracia –, bem como na perspectiva positiva do conflito, e que pretende desenvolver a noção de uma cultura dos direitos que tem como finalidade a defesa da dignidade humana, da liberdade, igualdade, solidariedade, justiça, democracia e paz, as estratégias didáticas para operacionalizá-la devem estar inspiradas nos seguintes princípios:

■ Viver os direitos humanos. Sem dúvida, é o princípio que mais se tem ressaltado ao longo da história dessa dimensão educacional. A idéia fundamental é igualmente clara e complexa: mais que refletir sobre os direitos humanos, trata-se de vivê-los no centro escolar. Vivência que estendemos a todos os âmbitos da ação educacional: metodologia, organização, conteúdos etc.

A base da educação encontra-se na vida diária da escola, onde os alunos convenientemente conduzidos podem aprender a pensar com sinceridade e fundamento, a julgar as normas da sociedade em que vivem e a assumir deveres e responsabilidades com seus companheiros de estudo, suas famílias, a comunidade em que vivem e, mais tarde, na sociedade mundial (UNESCO, 1969, p.17).

Diferentes autores, além da própria UNESCO (1969; 1983a; 1983b), têm se referido a esse princípio (FORTAT e LINTANF, 1989; GARCÍA, 1983; JARES, 1991; MASSARENTI, 1984; FÓRUM DE EDUCAÇÃO PARA A PAZ DA APDH, 1994; HERSCH, 1983). Aplicada ao âmbito da organização da escola que veremos posteriormente, a organização democrática do centro educacional é o contexto em que podem plantar e sedimentar o autêntico significado dos direitos humanos. Por isso, também aqui a vivência desse princípio adquire toda sua dimensão. Como aponta Pérez Gomes (1992, p.114):

> Para construir uma comunidade democrática de aprendizagem há exigências que se estendem a todos os elementos que incidem na configuração do ecossistema da sala de aula e do centro escolar [...] O alunado aprende democracia vivendo e construindo realmente sua comunidade de aprendizagem e de vida.

■ Conexão com a vida real do centro escolar e do entorno. Não resta dúvida de que o primeiro princípio traz implícito este segundo. Com efeito, viver os direitos humanos significa, entre outras coisas, dar preferência aos fatos cotidianos que ocorrem no centro educacional como elementos didáticos de primeira grandeza, em sua dupla acepção de meio e objeto de aprendizagem. Além disso, para que este seja significativo, consideramos necessária a relação contínua entre a multiplicidade de significados dos direitos humanos e a vida real. Assim, as crianças de todas as idades necessitam que a orientação acerca dos direitos humanos se relacione continuamente à sua vida e experiência cotidianas. Para os mais jovens, o espírito da escola ou da classe e as relações entre os alunos e entre cada aluno com o professor são mais importantes que a aquisição de conhecimentos (UNESCO, 1969, pp.43-4).

Exemplos desse princípio são os estudos de casos extraídos da realidade do próprio alunado, do centro escolar e/ou do entorno, semelhantes aos que apresentamos no quadro 2.1.

Quadro 2.1. Estudo de caso: a família de Andrea[1]

Andrea é uma aluna do centro educacional. Um dia, comentou comigo que esperava que seus pais permitissem que ela fosse com a turma à excursão de conclusão do curso técnico*, já que não lhe deram permissão para ir ao passeio no final do Ensino Secundário Obrigatório. Seu irmão, no entanto, teve mais sorte, pois acabara de regressar de uma excursão de cinco dias com colegas e professores do quarto ano do ESO**.
Andrea também se queixava do horário de chegada em casa nos finais de semana. Ela, que é mais velha, não pode chegar depois das dez da noite. O irmão, em contrapartida, sempre chegava mais tarde, e ninguém reclamava. Um dia, Andrea voltou para casa depois da hora marcada, e

---

1. Esta ficha, original do autor, foi publicada posteriormente na unidade didática *Para chicos-as. Sistema sexo-género*, do seminário de educação para a paz da APDH, Madri, 1990, da qual é co-autor.

* Originalmente, o autor refere-se a *Bachillerato* que, segundo o Ministério de Educación y Ciencia da Espanha, corresponde à última etapa da Educação Secundária. Tem caráter voluntário e duração de dois anos, com alunos de 16 a 18 anos. Apresenta modalidades diferentes que permitem uma preparação especializada dos alunos para sua incorporação aos estudos posteriores, tanto universitários quanto de formação profissional. (N de T.)

** O Ensino Secundário Obrigatório (ESO) tem quatro anos de duração e é concluído geralmente quando o aluno completa 16 anos. No decorrer dessa etapa, o aluno cursa disciplinas obrigatórias e eletivas. Ao final, recebe o título de graduação em educação secundária. (N de T.)

seus pais a repreenderam duramente. Ela não conseguiu se controlar e lhes disse que não recebia o mesmo tratamento de seu irmão. Diante disso, a reação de seus pais foi de recriminação e lamúria pela sua má educação. Além disso, insistiram que ela deveria compreender que, por ser mulher, não podia andar à noite pela rua, para seu próprio bem.

Análise
* Leitura do caso.
* Como descreveria a situação familiar de Andrea?
* Como explica a diferença de horário entre Andrea e o irmão para chegar em casa nos finais de semana?
* Quais os motivos dos pais de Andrea para impedi-la de ir à excursão?
* Acredita ser um caso isolado?
* Como interviria para solucionar esse conflito?
* Comente os resultados de sua análise com os colegas e em casa.

Fonte: Jares, 1986.

■ A necessidade de educar pela ação e para a ação. Ligado ao princípio anterior, a educação para os direitos humanos é uma educação pela ação e para a ação. Como afirma a Recomendação sobre a educação para a compreensão, a cooperação e a paz internacionais e a educação relativa aos direitos humanos e às liberdades fundamentais de 1974, a educação para os direitos humanos, como parte da educação para a paz, é uma educação pela ação e para a ação. Em outras palavras, não há educação para a paz e os direitos humanos se não houver educação prática. E isso tanto no que diz respeito a nosso papel como cidadãos, quanto a nosso trabalho com os alunos. O primeiro caso pressupõe um convite para a reflexão sobre nossos comportamentos, atitudes e compromissos, sabendo que quanto menor a distância entre nosso discurso e nossa ação, mais eficaz será nosso trabalho. No segundo, longe de buscar a passividade, a tranqüilidade, a não-ação, devemos dirigir nossa ação à formação de pessoas ativas e assertivas (FORTAT ey LINTANF, 1989, p.19).

■ Participação dos alunos no "quê" e no "como" do processo de ensino-aprendizagem. A participação é tanto um requisito quanto um valor no processo de ensino-aprendizagem, considerando a perspectiva democrática em que se fundamenta a educação para os direitos humanos. As estratégias didáticas incentivarão e se apoiarão no trabalho em equipe, na tomada de decisões por consenso sempre que seja possível, na cooperação etc. O alunado deve ser "estimulado a participar e a definir as condições do próprio processo de aprendizagem; na determinação dos fins; na escolha dos métodos e na avaliação dos resultados" (JARES, 1992b, p.59). Como afirma o ponto 16 da própria Recomendação de 1974, "a participação dos estudantes na organização dos estudos e da instituição educacional à qual pertencem deveria ser considerada em si como fator de educação cívica e elemento principal da educação para a compreensão internacional".

■ Educar para os direitos humanos pressupõe apresentar uma visão mutável de realidade e suscetível de transformação. Ligado ao princípio anterior, temos de ressaltar a idéia de que a realidade não é estável nem definitiva, mas mutável e provisória, e que, em conseqüência, podemos construir outro tipo de relações sociais. Nas palavras de M. Sarup (1990, p.217):

A finalidade do currículo crítico é o inverso daquela do currículo tradicional; este último tende a "naturalizar" os acontecimentos, enquanto aquele objetiva instigar o aluno a questionar as atitudes e os comportamentos que considera "naturais". O currículo crítico oferece uma visão de realidade como um processo sujeito a mudanças e descontínuo, cujos agentes são os seres humanos, que, portanto, estão em condições de levar a cabo sua transformação. A função do currículo não é "espelhar" uma realidade fixa, mas tornar patente a reflexão sobre a realidade social; é demonstrar que o conhecimento e os fatos sociais são produtos históricos e, portanto, que poderiam ter sido diferentes (e ainda podem sê-lo).

Nesse sentido, ainda que a educação para os direitos humanos pressuponha, entre outras coisas, a apresentação de suas violações, também é relevante suscitar a possibilidade da ação como meio para transformar essa realidade perversa, que em muitos casos tem sido possível.

■ Preferência por enfoques globalizantes e interdisciplinares. Tanto do ponto de vista conceitual quanto didático, a educação para os direitos humanos exige enfoques globais e interdisciplinares pelos quais se possa apreender a complexidade da temática que nos ocupa. Desde o início de sua formulação, a educação para os direitos humanos tem enfatizado esse princípio. Na atualidade, *reconhecida como conteúdo transversal do currículo*, a educação para os direitos humanos, assim como a transversalidade em seu conjunto, deve servir de elemento integrador que rompa com os compartimentos estanques das disciplinas escolares. A partir dessa perspectiva,

> tem de ser incorporada à programação de cada professor para cultivá-los nas atividades específicas e nos métodos gerais de sua especialidade, ampliando seu sentido educativo. Em certos casos, será necessário escolher atividades especialmente dirigidas a esses objetivos transversais do currículo, mas é preciso que sejam parte de uma filosofia educacional e de uma metodologia que envolva toda a atividade (GIMENO, 1992, p.325).

Em outras palavras, os temas transversais introduzem novos conteúdos ao currículo, mas, sobretudo, reformulam e reintegram os existentes a partir de um novo enfoque integrador e interdisciplinar (cf. TORRES, 1994).

- Coerência entre os fins e os meios empregados. Ressaltado pela ideologia não-violenta como um aspecto central dela mesma e assumido pela educação para a paz e direitos humanos, esse princípio enfatiza a necessidade de coerência entre aquilo que se pretende alcançar e os meios a serem empregados. Diante da cultura dominante do "vale-tudo", do fim que justifica os meios, esse princípio salienta que a escolha dos meios não é uma questão secundária, mas tem a mesma importância que os fins. Como disse Gandhi: "os fins estão nos meios como a árvore na semente". Trata-se, pois, "de buscar e pôr em prática meios que sejam homogêneos, coerentes com o fim que se busca" (MULLER, 1983, p.26). No plano pedagógico, aliás, é necessário aplicar esse princípio não só por uma questão de coerência ética mas também pelo fato de os meios a serem empregados serem fonte de aprendizagem em si mesmos, por isso não devem estar dissociados do que se quer aprender. Além disso, estamos convencidos de que interiorizar valores refere-se mais às metodologias e às estruturas organizacionais do que aos conteúdos ou finalidades estabelecidos. Por isso insistimos no uso de métodos dialógicos e experienciais, como expomos a seguir, com os quais se podem obter determinados objetivos não apenas no sentido clássico, mas, como afirmamos, comunicar outros ligados ao processo de aprender em si.

- Combinação das dimensões cognitivas e afetivas. Este é outro dos princípios didáticos que mais se tem ressaltado nessa tradição educacional. Com efeito, desde a década de 1970 comprovou-se que a vertente intelectual do processo de ensino-aprendizagem não pode ser separada de seu componente afetivo e experiencial; ambos os processos caminham juntos e são necessários para interiorizar valores de uma educação para a paz e direitos humanos. Por isso, devemos ser críticos com as formulações que mencionam apenas a informação. É necessário agregar-lhe os afetos, as percepções, os sentimentos e as sensações das experiências vitais dos educandos, o que implica a análise destas e sua subseqüente comparação com o mundo circundante. Nas palavras de J. A. Marina (1995, p.26):

> Parece, pois, que as instituições morais da criança encontram-se unidas à compreensão dos sentimentos. Uma criança que não reconhece a aflição de outra pessoa, que não é capaz de colocar-se em seu lugar, tampouco compreenderá que é má a ação que a provocou.

A conjunção desses elementos define o chamado método socio-afetivo, que tem sido enfatizado na educação para a paz e direitos humanos (AA.VV., 1999; JARES, 1991; 1992b; FÓRUM DE EDUCAÇÃO PARA A PAZ DA APDH, 1994; TUVILLA, 1993; UNESCO, 1969; 1983a; WOLSK, 1975), e que expusemos no capítulo anterior.

A dimensão organizacional

Todo projeto educacional é realizado com base em um formato organizacional. O descuido desse aspecto está ligado à tradicional segregação que a dimensão organizacional teve e ainda tem nas questões curriculares. O caso da educação para a paz, em geral, e da educação para os direitos humanos, em particular, não tem sido exceção. Como assinalamos em Jares (1994), tanto no Estado espanhol quanto além de nossas fronteiras, os trabalhos, as publicações e as pesquisas sobre essa dimensão educacional concentram-se em dois aspectos essenciais, mas, como dissemos, incompletos: o que (os conteúdos) e o como (a metodologia). Nos dois casos, as questões organizacionais não são abordadas ou ficam marginalizadas. Contudo, com esse ponto queremos enfatizar a tese de que a renovação qualitativa dos processos de ensino-aprendizagem devem, necessariamente, levar em conta a renovação das estruturas organizacionais. Em outras palavras, um projeto curricular de educação para a paz e direitos humanos tem de abordar a relação dos temas organizacionais – estrutura, normas, estilo de direção, participação, comunicação, sistema de relações, tratamento dos conflitos, avaliação institucional etc. – com os valores e objetivos que tal projeto busca. Veremos, a seguir, três implicações organizacionais que, tanto no trabalho de sala de aula quanto no do centro escolar, entendemos ser de vital importância para levar à prática a educação para os direitos humanos.

Criação de grupo de apoio mútuo

Observando os aspectos organizacionais, metodológicos e interativos, entendemos que, *seja qual for o nível educacional ou a matéria, é imprescindível construir uma estratégia que gere, tanto na sala de aula quanto na escola, um clima de segurança, confiança e apoio mútuo*. Não só por motivos éticos ou morais – que, em si mesmos, constituem razões mais que suficientes – mas também pelo fato de o trabalho didático ser mais agradável para todos e todas nessas condições e geralmente produzir melhores resultados acadêmicos. Com referência a esse último aspecto, já foi bastante estudado e provado que, nessas situações educacionais de apoio mútuo e confiança entre alunos e entre alunos e professorado, os resultados acadêmicos são, em geral, melhores do que em grupos onde não existem essas condições. Segundo H. Franta, a criação de um clima positivo "é um fator fundamental para o bom êxito de qualquer organização social" (1985, p.7).

Assim, analisando, por exemplo, o tema do conflito e da chamada indisciplina, podemos dizer que um conflito terá mais possibilidades de ser resolvido de forma positiva quando ocorre em um meio social de estruturas participativas, democráticas e cooperativas; em outras palavras e parafraseando Judson (1986), quando ocorre em um sistema gerador de confiança, colaboração e apoio mútuo. Em contrapartida, tem-se demonstrado que um clima escolar autoritário e burocratizado, caracterizado por um "ideário polarizador" – "quando a organização e as mensagens sociais que emite favorecem o êxito de uma minoria à custa do fracasso de outros" (WATKINS e WAGNER, 1991, p.54) – e uma estrutura inflexível, aumentam os "padrões de conflituosidade".

Além disso, nos grupos em que as relações e o ambiente são frios, distantes e competitivos há um aumento das probabilidades de maior marginalização, fracasso escolar e exclusão entre o alunado mais inseguro e/ou com menor potencial acadêmico. É mau sinal quando educandos e educadores, ou boa parte deles, não sentem a instituição educacional como lhes pertencendo.

Em geral, é fácil criar um grupo de apoio mútuo e confiança em sala de aula, em grupos afins, estáveis e pouco numerosos. No entanto, é preciso tornar esse objetivo extensivo ao conjunto do centro escolar e da comunidade educacional. Com efeito, ainda que a dificuldade seja muito maior dado o número de pessoas, diversidade de interesses e implicações na vida da escola, não deixa de ser um objetivo educativo fundamental, ao contrário dos propósitos cada vez mais generalizados de converter os centros educacionais e a própria função docente em atividade profissional burocrática, rotineira e descomprometida.

Como as escolas são consideradas simples fábricas reprodutoras ou "agências" de expedição de certificados, propomos um modelo de escola em que a organização do espaço, do tempo, das alunas e dos alunos, bem como o modo de conceber o currículo, os conteúdos, os métodos e as formas de avaliação facilitem o processo de recriação ativa da cultura, em evidente contraposição às tendências bem difundidas na atualidade de converter os centros escolares em meros repetidores (PÉREZ GÓMEZ, 1992, p.113).

Dentre as estratégias básicas que utilizamos para preparar uma comunidade de apoio e confiança, estão:

• Atitude do professorado. É necessário termos consciência da importância dessa responsabilidade e de nosso papel como profissionais da educação. Entre as habilidades exigidas, destacamos: saber ouvir; favorecer a comunicação empática; gerar confiança; respeitar o alunado e as demais pessoas do centro escolar; mostrar interesse e compromisso pelos problemas que afetam a consecução da paz e dos direitos humanos; manter a menor distância possível entre a teoria e a prática; e aceitar de forma incondicional todos os alunos.

• Jogos cooperativos e dinâmicas de afirmação, confiança e comunicação, sem dúvida, têm um papel fundamental nessa tarefa. Os resultados que obtivemos nos últimos quinze anos nos fazem manter a expressão "a magia dos jogos cooperativos" (JARES, 1989 e 1992a). Além de sua vertente lúdica e prazerosa, características que devem estar presentes também em todo o projeto educacional, essa estratégia facilita a "articulação cooperativa do grupo", pelo próprio efeito de distensão, e situa todos os membros em um mesmo patamar de igualdade, liberando-os da tensão da competição. Em resumo, nos ajuda a realizar a transição de uma cultura de competitividade, indiferença, hostilidade e menosprezo para uma cultura de cooperação, reciprocidade, tolerância, sensibilidade, apreço e afirmação.

- Técnicas cooperativas de gestão (reuniões, bibliotecas de sala de aula e da escola, planos de trabalho). As três técnicas freinetianas objetivam potencializar a autonomia, a cooperação e a co-responsabilidade tanto na tomada de decisões quanto em todos os aspectos que afetam a vida da sala de aula. Nesse sentido, queremos ressaltar a necessidade de recuperar as propostas e técnicas de trabalho de grandes pedagogos renovadores – lamentável e emblematicamente esquecidos – como Célestin Freinet (1969; 1973; 1996).
- Dinâmicas de grupo e de clarificação de valores. Para nos tornarmos conscientes de nossos códigos de valoração, sensibilizar sobre o sistema de relações na sala de aula e no centro escolar, bem como sobre os conteúdos dos temas transversais. Nesse processo, as relações interpessoais ocupam lugar preferencial, convertendo-se em meio e fim do processo de ensino-aprendizagem, seja no trabalho cotidiano nas diferentes áreas, seja no das coordenadorias. Como já dissemos, a educação para a paz e direitos humanos começa ao construirmos relações de paz entre todos os membros da comunidade educacional (JARES, 1983, 1991, 1992b, 1998; NOVARA, 1989; UNESCO, 1969). No quadro 2.2, tem-se um exemplo de estudo com os alunos do Ensino Médio e o professorado em relação às coordenadorias e à organização do centro escolar.

Quadro 2.2 – Estudo de caso: conflitos no intervalo

Xavier é professor de matemática em uma escola de Ensino Médio. Um dia, quando estava monitorando o intervalo, vários alunos do primeiro ano (12-13 anos) aproximaram-se dele para queixarem-se do comportamento dos alunos do terceiro. Nos últimos tempos, os alunos do terceiro ano intrometem-se no jogo de futebol dos alunos do primeiro. Tomam-lhes a bola, zombam deles, atingem-nos com a bola, fazem ameaças ou impedem-nos de jogar na única quadra disponível para a prática do esporte. Segundo os alunos do primeiro ano, eles vêm sofrendo com essa situação há mais de um mês. Falaram com a monitora do curso, mas nada mudou. Na última vez em que reclamaram, a monitora lhes disse que os problemas ocorridos no intervalo e no pátio, na entrada e saída, bem como nas aulas vagas, não eram de sua responsabilidade. Acrescentou que era uma questão sem importância e deveriam acertá-la entre si, mas que não falassem nem com a diretora nem com a coordenadora. Não falaram com nenhuma delas, por medo das ameaças que tinham recebido. Diante disso, Xavier decidiu investigar melhor o assunto, certificando-se da veracidade da acusação. Falou com diversos alunos do primeiro e de outros anos, que comprovaram os fatos. Parecia, inclusive, tratar-se de uma zona sem controle, ou melhor, controlada pelos maiores na quadra de futebol, localizada na parte dos fundos da escola. Vários alunos do terceiro ano também ratificaram a acusação, muito embora a maioria negasse, acusando os alunos do primeiro de serem dedos-duros e comportarem-se como "bebezinhos". Diante de tudo isso, Xavier decidiu informar a diretora da escola.

Análise:
• da perspectiva da gestão do centro escolar;
• da perspectiva do trabalho com os alunos.

Fonte: Jares, 1998, 1999.

A organização democrática do centro escolar

De acordo com o significado dos direitos humanos que já vimos, um projeto de educação para os direitos humanos implica necessariamente a democratização das estruturas escolares. Da mesma forma, pelo princípio assinalado de buscar a coerência entre os fins e os meios a serem empregados – nesse caso, entre a finalidade de formar pessoas democráticas e comprometidas com a democracia e os meios e as estruturas para alcançar esses fins –, a organização democrática da escola é o contexto em que pode germinar e sedimentar o autêntico significado dos direitos humanos. Nesse sentido, o alunado aprenderá o significado de democracia vivendo em democracia. Se quisermos que a escola forme pessoas democráticas e participativas, ela deve estar organizada segundo esses pressupostos, assim como todo o sistema educacional. Em outras palavras, a educação pelos e para os direitos humanos é também uma educação pela e para a democracia.

No Estado espanhol, a Lei Orgânica de Direito à Educação (LODE) consagra valores claramente favoráveis à escola democrática e propícios à participação de toda a comunidade escolar, ainda que a representação dos diferentes setores educacionais no conselho escolar seja desigual. Mas a legislação, como as boas intenções, não basta para transformar a realidade. Como bem assinalou Barry McDonald, "a fortificação da prática estabelecida não sucumbirá simplesmente quando uma boa idéia bater à sua porta educadamente". Ademais, a participação não começa nem se esgota nos órgãos colegiados. A participação, especialmente de educandos e educadores, deve estar presente no dia-a-dia, durante as numerosas tomadas de decisão que permeiam a prática escolar.

Não podemos nos esquivar do fato de que, a partir de uma perspectiva democrática, a participação é tanto um requisito quanto um valor. Em conseqüência, as estratégias didáticas fomentarão e se apoiarão no trabalho em equipe, na tomada de decisões por consenso sempre que possível, na cooperação. Por isso, diante da atual conjuntura de nebulosidade desses princípios e das resistências a ampliar os hábitos democráticos nas escolas, é necessário impulsionar uma política que assuma essa realidade para analisá-la e tomar as medidas necessárias para sua transformação. Banalizá-la ou negá-la com retóricas autocomplacentes não deixa de ser – mais do que um desconhecimento ou miopia política – um caso de dupla perversidade moral.

No âmbito escolar, como no plano social e político, a aprendizagem da cidadania e a transformação para a democracia revelam uma clara contradição entre o que se determina (currículo oficial) e o que se pratica nos centros escolares (currículo na prática). Além do mais, quando se fala em "fracasso escolar", costuma-se fazer referência exclusiva aos conhecimentos de tipo conceitual, mas em troca relega-se totalmente tudo o que se relaciona ao aprendizado de atitudes e valores, em particular o que faz referência à aprendizagem da cidadania. Nesse aspecto estamos convencidos de que o fracasso escolar é ainda maior, e não apenas pela responsabilidade que o sistema educacional tem sobre ele, mas também pelo entorno social em que vivemos, onde são cada vez mais escassos os espaços para exercer o direito à cidadania e somos arrastados para um sistema de democracia formal, mercantilizada e televisiva, dominada pelos grandes trustes econômicos. Nesse cenário, mais que cidadãos querem nos converter em meros espectadores-clientes, substituindo viver por consumir, decidir por delegar (JARES, 1996).

Em síntese, podemos dizer que uma organização democrática ocupada em ser, ela mesma, uma fonte de irradiação de valores democráticos deve promover a reflexão e auto-avaliação contínua sobre quatro aspectos essenciais: a forma como o poder é exercido, quem participa, a participação em si e o direito à dissidência.

■ Sobre a forma em que o poder é exercido, associado a ele, a tomada de decisões. Em geral, podemos dizer que se relaciona com a capacidade de controle sobre:

* Recursos econômico-sociais;
* Nível cultural e educacional em geral, e o conhecimento técnico, em particular;
* Recursos materiais;
* Fontes de informação;
* Tomada de decisões;
* Capacidade de controlar/manipular o que o outro deseja.

■ Não podemos esquecer que o poder e sua incidência na organização podem estar diluídos ou "cruzados" com outras variáveis como sexo, classe social, raça etc. Nesse sentido, a construção "de uma cultura participativa exige o fomento da participação dos grupos menos influentes – alunos, pais de baixo nível cultural, mulheres" (SAN FABIÁN, 1992, p.113). Como afirmou Bernstein em relação ao alunado – e que estendemos ao conjunto dos setores que compõem o centro escolar –, "a qual voz se presta atenção?, quem fala?, quem é chamado por esta voz?, a quem é familiar?" (BERNSTEIN, 1990, p.126).

■ Surge um requisito imprescindível em todo o funcionamento democrático: a participação. Como aponta Santos Guerra (1994, p.5), "a participação é o princípio básico da democracia. Participação que não pode reduzir-se ao instante do voto, mas que exige o diálogo permanente, o debate aberto, o controle das decisões e a capacidade de crítica efetiva". A cultura democrática assentada nos direitos humanos necessita que o próprio centro escolar estimule, em todos os setores da comunidade educacional, a participação como um valor social. Para tanto, além de ativar a participação interna, a escola deve integrar-se e tomar parte nos assuntos da comunidade onde está inserida. Assim, a participação – tanto em sua dimensão de gestão, quanto educativa – é um direito e uma necessidade do processo educacional institucional escolar. Um direito e uma necessidade de todos os setores educacionais, não apenas do professorado, "para que sintam que têm uma aposta na escola e confiem que sua organização realizará ações ou melhorias, ou que haverá boas razões caso isso não ocorra" (BERNSTEIN, 1990, p.124).

■ O direito à dissidência. Uma característica da sociedade em geral, assim como do sistema educacional, em particular, é o fenômeno da aprendizagem da obediência e do conformismo. Como destacou Stenhouse, "os professores, assim como os estudantes, são pressionados para o conformismo marcado pelas expectativas institucionais" (1987, p.79). Contudo, a partir da perspectiva crítica da educação para a paz e direitos humanos, essa situação vem sendo duplamente questionada. De uma parte, combatendo o conformismo como um valor oposto a uma cultura democrática. De outra, fomentando a autonomia dos alunos e sua capacidade crítica, que pode levar a posições de dissidência em relação à nossa própria forma de educar. Respeitar e saber inserir na vida do centro educacional o direito à dissensão, tanto dos educandos quanto dos professores – o que não significa, de modo algum, falta de respeito – é um princípio básico em seu funcionamento democrático.

Dentre as estratégias e técnicas concretas de organização democrática da sala de aula e da escola, além daquelas já apontadas – reuniões, planos de trabalho, cooperativa etc. –, temos de mencionar o uso e a revitalização dos órgãos colegiados do centro escolar, bem como as juntas de delegados*, comissões pedagógicas e culturais. Em suma, tornar real a democracia participativa nas escolas é uma exigência não apenas educativa, mas também moral e política.

A confrontação não-violenta dos conflitos

Atualmente, as ideologias conservadoras e neoliberais enfatizam a neutralidade da educação, a "ideologia da neutralidade ideológica", nas palavras de Sánchez Vázquez (1976). Sob esse enfoque, o sistema educacional apresenta-se como uma realidade construída de forma objetiva, livre de valores e de todo tipo de disputa ou conflito. Como foi salientado (APPLE, 1986, 1987; GIMENO, 1988, 1992; JARES, 1993a, 1993b, 2001; KEMMIS, 1988; TORRES, 1991), e considerando essa perspectiva, a escola aparece como uma instituição neutra e não conflituosa, a serviço de uma sociedade também neutra e consensual.

No entanto, diante dessas concepções "técnicas" que consideram o funcionamento organizacional incompatível com o conflito, devemos situá-lo e analisá-lo por e para um contexto de conflito. Por conseguinte, a aposta na organização democrática não deve nos levar a posturas idílicas, distanciadas da realidade, que possam associá-la a uma ausência de tensões, conflitos e contradições. Ao contrário, não podemos esquecer a natureza conflituosa da escola (JARES, 2001); suas dinâmicas micropolíticas, ascendentes e descentes (BALL, 1989; GONZÁLEZ, 1998); assim como o choque de culturas curriculares e organizacionais

---

* Esta expressão refere-se a representantes estudantis eleitos por seus colegas para negociações e decisões. (N. de T.)

que ocorrem no sistema educacional. Além do mais, quando se fala em educação para a paz e direitos humanos, interessa-nos a utilização de estratégias não-violentas de resolução de conflitos como meio para buscar a plena democratização das estruturas dos centros escolares e a emancipação dos que atuam nelas, em oposição àqueles que insistem em negar os conflitos, que os utilizam com fins particulares e de controle ou que intervêm com o único afã de melhorar o funcionamento do grupo e das subjetividades interpessoais.

Pois bem, afirmamos que a resolução de conflitos – contrariando as publicações que a abordam como uma técnica ou uma fórmula mágica, pela qual é possível resolver todas as situações conflituosas – de modo algum é um processo que pode ser aplicado de forma mimética a todas as situações, pois cada uma delas tem suas peculiaridades. Além disso, a resolução positiva de um conflito não depende unicamente do conhecimento de determinadas técnicas e circunstâncias que o permeiam e que, em contrapartida, podem nos ajudar a entendê-lo e intervir de maneira mais eficaz ou, na pior das hipóteses, com maior probabilidade de fazê-lo. Dessa forma, também podemos prever certas tendências, determinados caminhos que costumam ser seguidos com maior freqüência.

É com essa perspectiva que falamos sobre processo de intervenção, que em geral tende a compreender os cinco passos que expomos a seguir (JARES, 1995, 2001):

■ Clarificar a estrutura, magnitude e significado emocional do conflito. A primeira tarefa que devemos empreender é diferenciar as causas "objetivas" (no geral, a estrutura do conflito) do significado emocional (valorações, subjetividades, sentimentos etc. que ele suscita). Assim, pela importância que conferimos a esse passo, convém subdividi-lo em quatro etapas:

- Examinar e chegar a um acordo das partes em litígio sobre as causas, diretas e indiretas, do conflito;
- Definir pessoas e/ou entidades protagonistas e as participantes do processo de resolução;
- Analisar o processo ou o desenvolvimento, tendo em vista que podem existir diversas variáveis capazes de complicar, particularizar etc. as causas do conflito;
- Situar os três pontos anteriores no contexto do conflito e a incidência que esses pontos possam ter nele.

Esses quatro elementos (causas, protagonistas, processo e contexto) constituem a estrutura do conflito (JARES, 2001). Como tais estão sempre presentes em todo conflito, embora sua incidência varie substancialmente entre um e outro, pelas diversas variáveis que também exigem uma compreensão contextualizada, sincrônica e diacrônica. Dentre elas, além do significado emocional, citamos:

- Características das partes confrontadas;
- Relações mútuas e anteriores das partes;
- Posições ocupadas pelos protagonistas na organização;
- Os envolvidos e suas relações com o tema central do conflito;
- Conseqüências do conflito para cada uma das partes, a curto e médio prazos;
- Importância da decisão e/ou tipo de poder em jogo.

■ Facilitar e melhorar a comunicação. Esta fase pode anteceder a anterior, mas convém que esteja presente ao longo do processo. Consiste em desenvolver estratégias como:

- Favorecer uma atitude de confrontação positiva do conflito nas partes envolvidas. Não basta reconhecer as diferenças. É

necessário gerar uma atitude de mútua interdependência para buscar formas de resolução positiva do conflito;
• Controlar a dinâmica destrutiva de fazer generalizações, aumentar os problemas e estereotipar as pessoas;
• Reconhecer os interesses e as perspectivas da outra parte envolvida no conflito. Esta é uma característica essencial e prévia para poder solucioná-lo;
• Construir um ambiente de diálogo por meio da melhoria da capacidade de escuta, de observação e expressão para buscar soluções construtivas;
• Abordar os medos mútuos dos protagonistas e as aspirações de cada uma das partes na resolução do conflito.

Conseguir que cada parte se aperceba das aspirações da outra, sobre o que está em jogo, e da falta de clareza com que se compreendem as ações da parte contrária pode ser um primeiro passo para reduzir os níveis de temor e insegurança de ambos os lados. Quando esses temores são trazidos à tona e suas causas tratadas, as perspectivas de condução construtiva do conflito parecem mais acessíveis (ROSS, 1995, p.244).

• Equilibrar o poder entre as partes, uma vez que, sem um equilíbrio ao menos relativo, é muito difícil conduzir uma situação conflituosa produtivamente. Em outras palavras, "um desequilíbrio de poder muito acentuado torna quase impossível resolver o conflito: aquele que tem mais poder e recursos poucas vezes negociará com quem não está no mesmo nível" (LEDERACH, 1985, p.14).

Entre os exercícios ligados a essa fase está o denominado "parafrasear". Apresentamos um exemplo no quadro 2.3:

Quadro 2.3 – Parafrasear

Trata-se de um processo pelo qual o receptor, como se fosse um espelho, devolve ao emissor a mensagem, para que ele confirme a veracidade do que foi expresso.

Metodologia: Os membros do grupo são divididos em duplas. Uma pessoa expõe o problema, a outra escuta e expõe detalhadamente o que ouviu. Em seguida, trocam-se os papéis. A pessoa que expõe deve ler o texto antecipadamente, para "colocar-se no papel", expressando os sentimentos e os desejos ali contidos. Pode também expressar uma situação pessoal. A pessoa que escuta tenta compreender a outra sem emitir julgamentos nem avaliações próprias. Ao mesmo tempo, procura identificar os fatos e os sentimentos do outro e tenta incluí-los na interpretação. Pode fazer perguntas para certificar-se de que compreende bem o caso.

A seguir, apresentamos quatro exemplos utilizados tanto com os alunos em sala de aula quanto com educadores em cursos de formação.

Caso 1:
É impossível trabalhar com Breixo. Sempre tenho que fazer o que ele diz. Nas reuniões de trabalho, opõe-se ou coloca impedimentos a qualquer sugestão que não seja a sua. Suas propostas, como não poderia deixar de ser, sempre são as mais interessantes, as mais criativas e as mais bem fundamentadas.

Caso 2:
Não posso acreditar! Cheguei cinco minutos atrasado na aula e o professor me deu a maior bronca. Nem sequer perguntou por que eu estava atrasado. E tive uma razão: o ônibus quebrou. No entanto, veja o que ele fez comigo. Este professor só quer me humilhar na frente dos outros (LEDERACH, 1985).

Caso 3:
Os meninos do terceiro ano são insuportáveis! Qualquer coisinha e perdem o controle como animais. Não sabem se comportar. Outro dia falei com eles sobre as regras em sala de aula e hoje se comportaram da mesma maneira, como se nada tivesse acontecido. Fizeram a maior

bagunça. Se alguém passasse por ali naquele momento, pensaria que não tinha professor na sala.

Caso 4:
Ninguém agüenta mais a conduta dos monitores do curso técnico. Sempre fazem as coisas por conta própria. A direção deve atuar, caso contrário não contem mais comigo. Havíamos combinado que cada monitor iria com sua turma ao auditório, e veja só o que aconteceu! Uma vergonha e um desprestígio para a escola! O que será que pensou o conferencista!?!

Fonte: Jares, 1998, 1999.

■ Trabalhar sobre os problemas concretos que provocaram o conflito e não sobre outras diferenças ou aspectos a ele relacionados; isto é, dirigir a atenção sobre os interesses e as necessidades de cada um, não sobre seus procedimentos ou pessoas. Isso implica, como em todo o processo, usar ao mesmo tempo dois tipos de dinâmicas, algumas de caráter negativo, de contenção ou de evitar certos comportamentos, e outras de tipo positivo, os aspectos e as estratégias a serem apoiados.

Dinâmicas de caráter negativo:
• A personalização consiste em mesclar ou identificar as pessoas com os problemas. Trata-se de um fenômeno muito freqüente nos centros escolares;
• A polarização tende a estar presente nos conflitos crônicos, quando já é difícil uma resolução positiva. Consiste em pronunciar-se contra, sistematicamente, as propostas da outra parte. A está sempre contra o que B diz, e vice-versa.

Dinâmicas de caráter positivo:
• Reformular o conflito. Normalmente, as partes de um conflito costumam ver exclusivamente a própria postura, tanto

na análise quanto nas possíveis alternativas de resolução. Por conseguinte, sua visão é limitada e parcial. Desenvolver a habilidade de reformulação significa que ambas as partes consigam considerar o conflito de forma global;
* Enfocar o conflito segundo as possíveis soluções, analisando as diversas alternativas de abordagem e entrelaçando com a próxima fase.

■ Centrar-se nas alternativas de resolução:
* Concretizar as necessidades básicas que devem fazer parte do acordo;
* Nesta fase, ou às vezes mesmo no início do processo, é conveniente delimitar a fórmula palpável de resolução, que pode ser a negociação direta entre as partes ou, ainda, com a inserção de terceiros, grupos ou entidades pela mediação ou arbitragem;
* Estabelecer os prazos de execução das medidas acordadas.

■ Avaliar os resultados e o processo de cumprimento dos acordos. Se esta fase é necessária de modo geral, entendemos que é ainda mais no terreno educativo, tanto pela própria natureza da educação, quanto pelo contexto e pela idade dos educandos. Também convém que esta etapa esteja presente ao longo do processo de resolução. Como uma fase própria dos momentos finais do processo, deve trazer os seguintes benefícios:

* Avaliar o grau de cumprimento dos acordos e mecanismos de resolução acordados e, se necessário, estabelecer as modificações oportunas ou experimentar novas soluções;
* Examinar a possibilidade de modificar a relação entre as partes em conflito, assim como as mudanças sociais e organizacionais que os acordos adotados implicam.

Em suma, o processo de resolução de conflitos não é algo linear, fácil, nem de aplicação mecânica. Mas, em todo caso, sua inevitabilidade, complexidade e, em numerosas ocasiões, sua enorme dificuldade de resolução – na medida em que são defendidos interesses claramente antagônicos e incompatíveis – não podem ser motivos para não os enfrentar, ao menos considerando um plano de análise e de tomada de consciência sobre eles. Não fazê-lo significaria relegar a reflexão sobre nossa prática educacional e social, apoiar de maneira implícita o *status quo* dominante, favorecer o distanciamento entre o currículo oculto e o explícito e, de modo geral, retroceder no desenvolvimento organizacional das escolas pelos e para os direitos humanos.

Bibliografia

ABELLÁN, V. "Internacionalización del concepto y de los contenidos de los derechos humanos". Em VV.AA., *Los derechos humanos camino hacia la paz*. Zaragoza: Seminario de Investigación para La Paz/Centro Pignatelli, 1997, pp.15-28.

AMNISTÍA INTERNACIONAL. *Informe 1998. Un año de promesas rotas*. Madri: Amnistía Internacional, 1998. Disponível em <http://www.amnistiainternacional.org/infoanu>.

APPLE, M. W. *Ideología y currículo*. Madri: Akal, 1986.

_____. *Educación y poder*. Barcelona: Paidós/MEC, 1987. [Edição brasileira: *Educação e poder*. Porto Alegre: Artmed, 1989.]

ARENAL, C. "La noción de paz y la educación para la paz". Em VV.AA., *Seminario sobre formación de monitores de educación para la paz*. Madri: Cruz Roja Española, 1989.

BALL, S. J. *La micropolítica de la escuela. Hacia una teoría de la organización escolar*. Barcelona: Paidós/MEC, 1989.

BERISTAIN, C e P. CASCÓN. *La alternativa del juego I. Juegos y dinámicas de educación para la paz*. Madri: La catarata, 1996.

BERNSTEIN, B. *Poder, educación y conciencia*. Barcelona: El Roure, 1990.

BOBBIO, N. *El problema de la guerra y las vías de la paz*. Barcelona: Gedisa, 1982. [Edição brasileira: *O problema da guerra e as vias da paz*. São Paulo: Unesp, 2002.]

_____. *El tiempo de los derechos*: Madri: Sistema, 1991. [Edição brasileira: *A era dos direitos*. São Paulo: Campus, 2004.]

BROTTO, F. O. *Jogos cooperativos*. Santos: Cepeusp, 1995.

_____. *Jogos cooperativos. O jogo e o esporte como um exercício de convivência*. Santos: Editora Projeto Cooperação, 2002.

BROWN, G. *Jogos cooperativos: teoria e prática*. São Leopoldo: Sinodal, 1994.

CASSESE, A. *Los derechos humanos en el mundo contemporáneo*. Barcelona: Ariel, 1993.

CASSIN, R. "Les droits de l'homme". Em *Recueil des cours de l'Académie de Droit International*. Haia, v.140, 1974.

CORTINA, A. *La ética de la sociedad civil*. Madri: Anaya, 1994.

ETXEBERRÍA, X. *"Lo humano irreductible" de los derechos humanos*. Bilbao: Bakeaz (Cuadernos Bakeaz n.28), 1998.

FORTAT, R. e L. LINTANF. *Éducation aux droits de l'homme*. Lyon: Chronique Sociale, 1989.

FÓRUM DE EDUCAÇÃO PARA A PAZ DA APDH. *La alternativa del juego II: juegos y dinámicas de educación para la paz*. Madri: La Catarata, 1994.

FRANTA, H. *Interazione educativa. Teoria e pratica*. Roma: LAS, 1985.

FREINET, C. *Técnicas Freinet de la Escuela Moderna*. México D.F.: Siglo XXI, 1969.

_____. *Los planes de trabajo*. Barcelona: Laia, 1973.

_____. *La escuela moderna francesa. Una pedagogía moderna de sentido común. Las invariantes pedagógicas*. Madri: Morata, 1996.

GARCÍA, F. *Enseñar los derechos humanos. Textos fundamentales.* Madri: Zéro-Zyx, 1983.
GIMENO, J. *El currículum. Una reflexión sobre la práctica.* Madri: Morata, 1988.
_____. "Ámbitos de diseño". Em J. GIMENO SACRISTÁN e A. I. PÉREZ GÓMEZ, *Comprender y transformar la enseñanza.* Madri: Morata, 1992, pp.265-333.
GONZÁLEZ, M. T. "La micropolítica escolar: algunas acotaciones". Em *Profesorado,* 1 (1998), 47-58.
HERSCH, J. (comp.). *El derecho de ser hombre.* Madri: Tecnos, 1983.
JARES, X. R. "Educa-la sexualidade na escola". Em *Revista Galega de Educación,* 2 (1986) 31-4.
_____. *Técnicas e xogos cooperativos para todas as idades.* A Coruña: Vía Láctea, 1989. 3. ed., Vigo: Edicións Xerais, 2005.
_____. *Educación para la paz. Su teoría y su práctica.* Madri: Popular, 1991. 3. ed. 2005. [Edição brasileira: *Educação para a paz. Sua teoria e sua prática.* Porto Alegre: Artmed, 2002.]
_____. *El placer de jugar juntos. Nuevas técnicas y juegos cooperativos.* Madri: CCS, 1992a. 5. ed. 2004.
_____. *Transversales. Educación para la paz.* Madri: MEC, 1992b.
_____. "El lugar del conflicto en la organización escolar". Em *Revista de Educación,* 302 (set./dez 1993a) 113-28.
_____. "Los conflictos en la organización escolar". Em *Cuadernos de Pedagogía,* 218 (out.. 1993b) 71-5.
_____. "Educación para la paz y organización escolar". Em A. FERNÁNDEZ HERRERÍA (coord.). *Educando para la paz. Nuevas propuestas.* Granada: Universidad de Granada, 1994.
_____. "Contexto organizativo y resolución de conflictos en los centros educativos". Em VV.AA., *Volver a pensar la educación. Actas del Congreso Internacional de Didáctica,* v.II, Madri: Morata, 1995, pp.133-51.

_____ (coord). *Construír a paz. Cultura para a paz*. Vigo: Xerais, 1996.

_____. *Educación e dereitos humanos. Estratexias didácticas e organizativas*. Vigo: Xerais, 1998. [Edição espanhola: *Educación y derechos humanos. Estrategias didácticas y organizativas*. Madri: Popular, 1999. 2. ed. 2002.

_____. *Educación y conflicto. Guía de educación para la convivencia*. Madri: Popular, 2001.

JUDSON, S. et alii. *Aprendiendo a resolver conflictos. Manual de educación para la paz y la no-violencia*. Barcelona: Lerna, 1986.

KELLY, P. *Por un futuro alternativo*. Barcelona: Paidós, 1997.

KEMMIS, S. *El currículum: más allá de la teoría de la reproducción*. Madri: Morata, 1988.

KRIELE, M. *Liberación e ilustración: defensa de los derechos humanos*. Barcelona: Herder, 1982.

LEDERACH, J. P. *La regulación del conflicto social: un enfoque práctico*. México: Dossier policopiado, 1985.

LEVIN, L. *Los derechos humanos. Preguntas y respuestas*. Paris: UNESCO, 1981.

LOPATKA, A. "El derecho a estar informado". Em *El Correo de la UNESCO*, 10 (1978) 21-3.

LUCAS, J. *El desafío de las fronteras. Derechos humanos y xenofobia frente a una sociedad plural*. Madri: Temas de Hoy, 1994.

MARINA, J. A. *Ética para náufragos*. Barcelona: Anagrama, 1995.

MASSARENTI, L. *À l'école des droits de l'homme*. Genebra: Universidad de Ginebra, 1984.

MUGUERZA, J. *Desde la perplejidad*. México/Madri/Buenos Aires: FCE, 1990.

MULLER, J. M. *Significado de la no-violencia*. Madri: CAN, 1983.

NAÇÕES UNIDAS. *Resolution 35/56. International Development Strategy for the Third United Nations Development Decade*. Nova York: ONU, 1981.

NOVARA, D. *Scegliere la pace. Guida metodologica*. Turim: Abele, 1989.

ORAÁ, J. e F. GÓMEZ ISA. "La Declaración Universal de los Derechos Humanos en su cincuenta aniversario". Em VV.AA., *Anuario CIP 1998*. Madri: Icaria/FUHEM, 1998, pp.41-57.

ORLICK, T. *Juegos y deportes cooperativos*. Madri: Popular, 1986.

_____. *Libres para cooperar, libres para crear*. Barcelona: Paidotribo, 1990.

PECES BARBA, G. *Tránsito a la modernidad y derechos fundamentales*. Madri: Mezquita, 1982.

_____. "El fundamento de los derechos humanos". Em *Temas para el debate*, n.45-46 (ago./set. 1998) 20-2.

PÉREZ GÓMES, A. I. "Enseñanza para la comprensión". Em J. GIMENO SACRISTÁN e A. I. PÉREZ GÓMES, *Comprender y transformar la enseñanza*. Madri: Morata, 1992.

RÍOS, X. (comp.) *Os dereitos da humanidade*. Vigo: Xerais, 1998.

ROSS, M. H. *La cultura del conflicto. Las diferencias interculturales en la práctica de la violencia*. Barcelona: Paidós, 1995.

SAN FABIÁN, J. L. "Gobierno y participación en los centros escolares: sus aspectos culturales". Em VV.AA., *Cultura escolar y desarrollo organizativo. Ii Congreso Interuniversitario de Organización Escolar*. Sevilha: Universidad de Sevilla, 1992, pp.79-118.

SÁNCHEZ, R e L. JIMENA. *La enseñanza de los derechos humanos*. Barcelona: Ariel, 1995.

SÁNCHEZ VÁZQUEZ, A. "La ideología de la 'neutralidad ideológica' en las Ciencias Sociales". Em *Zona Abierta*, 7 (1976) 34-42.

SANTOS GUERRA, M. A. "La escuela: un espacio para la cultura". Em *Kikiriki*, n.31-32 (1994) 4-10.

SARUP, M. "El currículum y la reforma educativa: hacia una nueva política de la educación". Em *Revista de Educación*, 291 (1990 jan./abr.) 193-221.

SEMINARIO DE EDUCACIÓN PARA LA PAZ DE LA APDH. *Educar para la paz. Una propuesta posible*. Madri: Los Libros de la Catarata, 1994.

STENHOUSE, L. *Investigación y desarrollo del currículum*. Madri: Morata, 1987.

TORRES, J. *El currículum oculto*. Madri: Morata, 1991.

_____. *Globalización e interdisciplinariedad: el currículum integrado*. Madri: Morata, 1994.

TULIÁN, D. C. *Los derechos humanos. Movimiento social, conciencia histórica, realidad jurídica*. Buenos Aires: Humanitas/La Colmena, 1991.

TUVILLA, J. *Educar en los derechos humanos*. Madri: CCS, 1993.

UNESCO. *Algunas sugestiones sobre la enseñanza acerca de los Derechos Humanos*. Paris: UNESCO, 1969.

_____. *La educación para la comprensión, la cooperación y la paz internacionales y la educación relativa a los derechos humanos y las libertades fundamentales, con miras a fomentar una actitud favorable al fortalecimiento de la seguridad y el desarme*. Paris: UNESCO, 1983a.

_____. *La educación para la cooperación internacional y la paz en la escuela primaria*. Paris: UNESCO, 1983b.

_____. *Declaración y plan de acción integrado sobre la Educación para la Paz, los Derechos Humanos y la Democracia 1995*. Paris: UNESCO, 1996.

VÁRIOS AUTORES. "Educación e dereitos humanos". Em *Revista Galega de Educación*, 33 (1999) número monográfico.

VERCHER, A. "Derechos humanos y medio ambiente". Em *Claves de Razón Práctica*, 84 (jul./ago. 1998)14-21.

WATKINS, C. E P. WAGNER. *La disciplina escolar. Propuesta de trabajo en el marco global del centro*. Barcelona: Paidós/MEC, 1991.

WOLSK, D. *Un método pedagógico centrado en la experiencia. Ejercicios de percepción, comunicación y acción*. Paris: UNESCO, 1975.

3. Educar para a paz depois dos atentados de 11 de setembro de 2001 e do 11-M

Se os atentados terroristas de 11 de setembro de 2001, nos Estados Unidos, foram os mais televisionados e retransmitidos pelos meios de comunicação, constatamos, no entanto, escassas referências produzidas no âmbito educacional. As parcas menções apresentadas são de tipo jornalístico, questionando, basicamente, a capacidade de compreensão dos atentados por parte das crianças e as possíveis consequências psicológicas na população infantil. Ambas as demandas foram formuladas, sem dúvida, pela especial incidência midiática que os atentados tiveram. Pela importância, necessitamos de outras reflexões de base preferencialmente sociológica, que levem em conta o conjunto da população. Nesse sentido, depois de localizar as conseqüências desses atentados e de analisar o que chamamos atentados anteriores e posteriores a essa data, formulamos dez propostas educacionais para enfrentar o "novo" cenário internacional, que ajudem a tornar o século XXI o século da paz.

Um dos aspectos que mais nos surpreendeu desde os atentados de 11 de setembro foram os comentários e as perguntas sobre a necessidade e conveniência da educação para a paz, como se ela não fosse necessária antes desses atentados, como se o terrorismo houvesse sido inventado naquela data, como se não existissem outras formas de violência, como se não houvesse milhões de pessoas submetidas a diferentes formas de terrorismo.

Como já indicamos em outros textos (JARES, 1986, 1991, 2005), educar para a paz não é nem uma novidade histórica, nem uma necessidade associada a um tempo histórico determinado. As razões para educar pela e para a paz estão justificadas tanto antes quanto depois do 11 de setembro. A violação dos direitos humanos, a injustiça social, a precarização do trabalho, a pobreza – o chamado genocídio silencioso – não são conseqüência do atentado nos Estados Unidos. Pois bem, a gravidade dos acontecimentos que relacionamos e os que se seguiram no Afeganistão, as características da política externa norte-americana e suas seqüelas no restante do mundo, sem dúvida obrigam – se cabem ainda mais motivos – a intensificar e divulgar os princípios, os valores e as estratégias da educação para a paz, bem como reordenar em termos educacionais os "novos conteúdos" que esses acontecimentos provocaram.

As conseqüências dos atentados

Além de morte e destruição, quais conseqüências os atentados provocaram? Em nossa opinião, consideramos que foram ativados quatro tipos de processos sociais estreitamente inter-relacionados, mas de modo algum inovadores, como sustentaram diversos analistas, já que na realidade tais processos estavam presentes antes dos atentados. O único realmente inovador são o fato de os atentados terroristas terem ocorrido pela primeira vez em território norte-americano e o medo desencadeado na população, ligado ao sentimento de vulnerabilidade. Mas, sem dúvida, os atentados acentuaram os quatro processos mencionados a seguir.

■ A retomada da ideologia polarizada e maniqueísta¹ da guerra fria. Nós, os bons, diante do império do mal, antes o malvado comunismo, agora o Islã, como afirma Samir Naïr, o mulçumano (1995, p.37). Um exemplo ilustrativo dessa ideologia é o discurso do presidente Bush em 20 de janeiro de 2002 sobre o estado da coalizão que apontou Iraque, Irã e Coréia do Norte como "países do eixo do mal", acusando-os de promover o terrorismo e desenvolver armas de destruição em massa. Isso foi dito pelo presidente do país que possui e desenvolve o maior número de armas de destruição em massa, o único país que usou essas armas na e contra a população civil!²

Essa simplificação e esse dualismo da sociedade, "os que não estão comigo, estão contra mim", são um esquema conhecido e vivenciado em várias partes do mundo – também na Espanha em relação ao País Basco. É o reflexo fiel do processo de polarização que, suficientemente estudado, tem se mostrado como um dos piores cenários a que se pode chegar para resolver um conflito. Entre outras coisas, porque a polarização traz consigo a demonização do outro – nós, os bons, diante dos outros, os maus. É um esquema simplista, que serve para justificar a existência do inimigo e, com ele, as enormes cifras destinadas ao complexo militar-industrial.

■ Medo da população e sua instrumentalização para favorecer a militarização da sociedade e a aprovação de novas intervenções militares. Os dias e meses que se seguiram aos atentados foram utilizados pela maioria dos dirigentes e ideólogos da

---

1. A excelente "Antología da dialética del ódio", que ilustra a ideologia dualista em suas diferentes formas e contextos históricos, pode ser encontrada em *Cuadernos Bakeaz*, n. 40, de autoria de Martín Alonso Zarza.

2. Para evitar equívocos, esclarecemos que não somos antiamericanos, mas críticos em relação a uma política determinada. Tampouco somos defensores dos regimes ditatoriais dos três países citados.

política norte-americana para manipular o medo em benefício das políticas armamentistas e belicistas, sob o disfarce de um patriotismo que asfixia a racionalidade e a compreensão. Como resultado, depois dos atentados, acentuou-se a sacralização de todo militar e da militarização de determinados âmbitos da sociedade nos Estados Unidos. Além disso, do intento de instaurar o uso de tribunais militares para julgar os possíveis delitos de terrorismo cometidos por estrangeiros, não podemos deixar de mencionar a nomeação de militares para ocupar cargos-chave da segurança do Estado até então exercidos por civis, ou a própria doutrinação generalizada do conjunto da população pelos rituais militares associados ao patriotismo norte-americano.

Uma conseqüência dessa situação é o expressivo aumento dos gastos militares. O investimento financeiro previsto para o Pentágono é de 379 bilhões de dólares, o que significa um aumento de 48 bilhões de dólares. O investimento previsto representa nada menos que 40% do total do gasto militar mundial, cifra dez vezes superior à que gastam Rússia e China juntas. A política da administração Bush atende aos ditames do complexo militar-industrial, tal como já se anunciava antes dos atentados[3].

Outro aspecto da incontrolável militarização é o desaparecimento das vozes críticas existentes na política norte-americana, com a revitalização da guerra nas estrelas e mais concretamente com o escudo antimísseis. A militarização do espaço será relançada, conduzindo o conjunto da humanidade a uma situação de conseqüências imprevisíveis.

---

3. Sem dúvida, os grandes beneficiários dos atentados de 11 de setembro de 2001 têm sido os "falcões" do complexo político-militar-industrial norte-americano para aumentar seus abundantes benefícios e acelerar a militarização, enquanto determinados direitos civis são excluídos, o enfraquecimento da democracia é intensificado e são reduzidos os investimentos em programas sociais.

■ Perda de determinadas liberdades e decorrente violação de determinados direitos humanos. Organizações como a Human Rights Watch (Observatório dos Direitos Humanos) e a Anistia Internacional, entre outras, têm destacado e comprovado que uma das vítimas da crise dos atentados nos Estados Unidos são os direitos humanos. Com efeito, em vários países têm-se adotado, ou estão em processo de adoção, medidas que violam as garantias de proteção aos direitos humanos em nome da luta contra o terrorismo. Assim, no caso dos Estados Unidos,

> as medidas processuais de exceção contra os estrangeiros não residentes em território norte-americano representam não apenas uma clara discriminação injustificada contra esses estrangeiros, proscrita por todos os tratados internacionais de direitos humanos, mas também – e em tudo o que se refere às detenções de estrangeiros por períodos de seis meses e sem o adequado controle judicial – violam o direito à liberdade, uma vez que podem estimular torturas e tratamentos desumanos ou degradantes (GIMENO SENDRA, 2002, p.14).

A dicotomia ou dualidade que se estabelece entre segurança e liberdade é moralmente inaceitável, além de contraditória. Os atentados contra a vida e a liberdade não podem ser combatidos com morte e diminuição da liberdade. Sem direitos humanos não pode haver segurança nem democracia. A defesa da segurança não pode acarretar mais insegurança para todos e menos liberdade. Desse modo, por exemplo, foram constatados o aumento do racismo, especialmente em relação às comunidades árabes, em particular, e mulçumanas, em geral, e o cerceamento do princípio constitucional da igualdade, ao menos em relação ao princípio de não-discriminação por razões de crenças religiosas ou de nacionalidade. Os Estados Unidos e a Grã-Bretanha têm ditado medidas legislativas nesse sentido. No caso dos Estados Unidos, com o USA Patriot Act (lei antiterrorista norte-americana), de 26 de outubro de 2001, o poder executivo pode intervir, sem autorização judicial, nas comunicações telefônicas e eletrônicas dos estrangeiros ou bloquear suas contas-correntes durante 120 dias; pode igualmente dispor sobre sua detenção durante períodos renováveis de seis meses. Condições similares têm a lei britânica Anti-Terrorisme, Crime and Security Bill, de 14 de dezembro de 2001.

O aumento do racismo contra os estrangeiros, sobretudo contra a população muçulmana, tem sido fomentado, sem dúvida, pelo tipo de medidas jurídicas que relacionamos, tal como denunciaram, entre outras organizações, o SOS Racismo e a Anistia Internacional. Esse aumento está facilitado pelo desconhecimento que temos da cultura árabe e muçulmana. Como disse Edward Said, mais que um choque de culturas, trata-se de um choque de ignorâncias (2001a). Da mesma forma, ele nos alertou sobre a desinformação e os estereótipos que estão sendo difundidos sobre os árabes e o Islã:

> Na esfera pública há pouquíssimo conhecimento positivo sobre os árabes e o Islã ao qual recorrer para neutralizar essas imagens enormemente negativas que pululam por todas as partes: os estereótipos de um povo luxurioso, vingativo, violento, irracional e fanático persistem (SAID, 2001c, p.21).

Essa constatação tem evidentes conseqüências educativas, tanto em relação ao processo de análise dos materiais curriculares sobre a possibilidade de transmissão desses prejulgamentos e estereótipos, quanto em relação à necessidade de introduzir conteúdos sobre a cultura árabe, como propomos mais adiante.

- Imposição de uma visão unilateral de mundo e reforço da hegemonia mundial dos Estados Unidos. É uma estratégia desenvolvida há anos pelos Estados Unidos[4]. Lembre-se, por exemplo, da recusa em firmar o Protocolo de Kyoto contra o efeito estufa, a intenção de violar o tratado ABM (míssil antibalístico) e a conseqüente militarização do espaço, a retirada em sinal de protesto do representante norte-americano da Conferência de Durban (África do Sul) etc. Como manifestou a embaixadora dos Estados Unidos nas Nações Unidas em 1993, sra. Madeleine Albright, posteriormente secretária de Estado, "os Estados Unidos atuarão multilateralmente quando for possível, e unilateralmente quando seja necessário". Política ratificada não só por vários dirigentes norte-americanos em diversos foros e ocasiões, como também pelos próprios fatos, implicando aumento da escalada de desprezo e desconsideração para com as Nações Unidas.

Mas, sem dúvida, essa política piorou a partir dos atentados. As autoridades norte-americanas não têm mais o mínimo recato em proclamar sua visão imperialista e a defesa de seus interesses, ainda que isso acarrete o uso da força militar, ante o silêncio das próprias Nações Unidas e dos aliados da Otan[5]. Essa doutrina foi reiterada pelo então secretário de Defesa norte-americano, Donald Rumsfeld, ao anunciar que as possíveis novas campanhas militares de seu país para combater o terrorismo não exigem

---

4. Muito embora já aparecessem claros indícios antes da Segunda Guerra Mundial, é a partir desse período que tal estratégia se acentua. Em 1966, em relação à Guerra do Vietnã, Noam Chomsky escrevia: "Ao começarem os bombardeios sobre o Vietnã do Norte, Jean Lacouture comentou apropriadamente que esses atos, e os documentos apresentados para justificá-los, revelam simplesmente que os dirigentes norte-americanos consideram que têm o direito de atacar onde e quando queiram" (CHOMSKY, 1973, pp.86-7).

5. Silêncio rompido em alguns casos, como o do governo espanhol, não para questionar essa estratégia e a falta de lealdade norte-americana com os aliados, mas para apoiar totalmente o governo dos Estados Unidos. Como disse o ministro espanhol de Relações Exteriores, Joseph Piqué, "qualquer ação dos Estados Unidos terá sua justificativa" (El País, 23/11/2001).

autorização prévia das Nações Unidas. O vice-presidente norte-americano, Dick Cheney, reitera essa posição ao afirmar: "O triunfo da liberdade e o futuro do mundo civilizado dependem agora de nós" (El País, 18/3/2002). Por conseguinte, podemos dizer que desde os atentados, os Estados Unidos agravaram ostensivamente seu papel de polícia do mundo e, portanto, estão aprofundando o autoproclamado direito de ingerência sem nenhum tipo de restrição e controle: eles decidem quando, contra quem e como realizar suas intervenções, sem prestar contas a ninguém[6].

Outros atentados anteriores e posteriores

Como já se disse, os atentados de 11 de setembro de 2001 foram os mais retransmitidos da história da humanidade. O apoio midiático que os atentados receberam não tem precedentes. No entanto, e reiterando uma vez mais sua condenação e exigindo justiça para os culpados, os galhos desses atentados não podem impedir que vejamos o bosque de horror e sofrimento que assola a maioria da humanidade, ainda que este arvoredo se encontre em parte nos Estados Unidos.

Com efeito, não se trata de fazer comparações nem estabelecer mortes de primeira ou de segunda grandezas – a morte iguala todos os seres humanos – mas, naquele dia em que morreram mais de 3 mil pessoas em Nova York, vítimas desse atentado selvagem, 40 mil morreram no mundo, vítimas da fome e de suas causas evitáveis, pessoas igualmente dignas e necessárias à vida, como aquelas que encontraram a morte no fatídico 11 de setembro. Por conseguinte, seja no plano social, seja no educativo, essa realidade deve ter prioridade absoluta, na medida em que a po-

---

6. Ao mesmo tempo que avaliza essa política para seus aliados incondicionais, como é o caso de Israel em oposição à Palestina.

breza envergonha a existência da humanidade, por ser causadora do maior número de mortes e sofrimento no planeta. A pobreza, ou a carência de um nível mínimo de consumo, pode parecer imprópria a nosso tempo para a maioria dos ocidentais, contudo, não são casos isolados ou "marginais". É a situação normal e habitual da maioria dos seres humanos que vivem atualmente. O "marginal" é ter uma casa, água corrente, alimentação, acesso à escola etc. Um ser humano tomado ao acaso, que esteja nascendo hoje em algum lugar deste planeta chamado Terra, tem 75% de probabilidade de nascer para viver na pobreza (LÓRING, 2001, p.14).

Não podemos separar essa situação do processo de globalização neoliberal que, a partir da década de 1980, impõe suas regras econômicas ao conjunto das economias do planeta por meio de três organismos internacionais: Banco Mundial, Organização Mundial do Comércio (OMC) e Fundo Monetário Internacional (FMI). São organismos caracterizados como o "autêntico eixo do mal", nas palavras de Ignacio Ramonet (2002)[7]. Processo claramente vinculado aos Estados Unidos, seguido da Comunidade Européia e do Japão, os três grandes núcleos do poder capitalista. Na década de 1980, 80% dos fluxos de capital giravam entre esses membros. Em 1997, a metade das ações do planeta encontrava-se nas mãos de 1% da população mundial, e cerca de 90% delas pertenciam aos 10% mais ricos do mundo (TAIBO, 2002a, p.69).

A globalização neoliberal está assentada na premissa da desregulamentação do Estado em favor da iniciativa privada, radicali-

---

7. Ramonet contesta desta forma o presidente Bush quando, em seu discurso de 20/1/2002 sobre o estado da União, referiu-se ao eixo do mal: Iraque, Irã e Coréia do Norte.

zando esse discurso até converter o mercado no único garantidor das regras sociais. Dessa forma, o Estado perde o monopólio do poder e passa a ser um elemento a mais que compete com outros poderes, exceto no terreno militar, que conserva tal monopólio ainda que muito ligado ao complexo militar-industrial. É o processo que se denominou "renúncia do Estado" (BOURDIEU, 1999), declínio da autoridade dos Estados ou "retirada do Estado" (STRANGE, 2001).

Com o predomínio do mercado, ocorre uma mutação muito importante: mais que cidadãos, querem nos converter em meros consumidores. Como assinala Bauman, com essa "segunda modernidade", modernidade de consumidores, "a primeira e imperiosa obrigação é ser consumidor; depois, pensar em converter-se em qualquer outra coisa" (2000, p.48). Dessa ótica, o estado de bem-estar é visto como um obstáculo, e o direito ao trabalho é igualmente atacado. "Hoje, impera a estética do consumo onde antes mandava a estética do trabalho [...] O trabalho perdeu seu lugar de privilégio, sua condição de eixo ao redor do qual giravam todos os esforços para constituir a si mesmo e construir-se uma identidade" (BAUMAN, 2000, pp.56-7). De tal modo que o modelo do homem de sucesso que se faz graças ao trabalho é desprezado pelo culto à riqueza em si mesma. Nesse sentido, Bauman conclui: "O 'crescimento econômico' e o aumento do emprego encontram-se, portanto, em lados opostos" (2000, p.102).

Esse processo econômico-social e ideológico está revestido de um potente discurso ideológico divulgado por intermédio de uma avassaladora máquina midiática, que nos apresenta o capitalismo neoliberal não apenas como o sistema mais desenvolvido, aquele que triunfou, mas também como o único possível. Questionar sua eficácia é absolutamente fora de propósito. Como afirma o Prêmio Nobel de Economia Amartya Sen (SEN, 2000, p.142):

Parece que qualquer indicação dos defeitos no mecanismo de mercado é, no clima atual, estranhamente antiquada e contrária à cultura moderna (assim como ouvir um disco de 78 rotações com música dos anos 1920). Alguns preconceitos abriram espaço para outras idéias contrárias preconcebidas. A fé irrefletida do passado converteu-se em uma heresia do presente, e a heresia do presente é a nova superstição.

Assim, aparecem os discursos sobre o fim da história ou a morte das ideologias, que o modelo neoliberal difunde como a evolução "natural" da humanidade. Nas palavras de Pierre Bourdieu (2001, p.31), o neoliberalismo

baseia-se em postulados (que se apresentam como posições fundadas na teoria e comprovadas na realidade). Primeiro postulado: a economia seria um território separado, governado por leis naturais e universais que os governos não devem contrariar. Segundo postulado: o mercado seria a melhor maneira de organizar a produção e os intercâmbios de maneira eficaz e justa nas sociedades democráticas. Terceiro postulado: a "globalização" exigiria a redução dos gastos estatais, sobretudo no terreno dos direitos sociais em matéria de emprego e seguridade social, considerados, por sua vez, onerosos e anômalos.

Como conseqüência dessas concepções e práticas, a situação dos direitos humanos tem se tornado notavelmente precária, sobretudo os relacionados aos direitos econômico-sociais, e mesmo, como já vimos, aos direitos políticos, à luz dos atentados de 11 de setembro. Todos os estudos confirmam que depois de 1980 a distribuição mundial de renda piorou, cunhando a expressão sociedade 20/80 (MARTÍN e SCHUMANN, 1998), em que 20% da população aparece como privilegiada e os 80% restantes relegados à pobreza e sem futuro. Essa tendência levou à afirmação de François Houtar de que a globalização é o tipo de sociedade "mais desigual de toda a história da humanidade" (2001, p.89). Veja os fatos que comprovam essa situação:

Aumento vertiginoso da dívida externa

A dívida externa, longe de diminuir, aumentou espetacularmente, multiplicando-se por 16 no período entre 1970 e 1997. Assim, em 1997, os países do Sul tiveram de pagar 200 bilhões de dólares, ao mesmo tempo que o conjunto da ajuda ao desenvolvimento recebido alcançava apenas 45 bilhões de dólares. Na América Latina – região do planeta com o maior nível de desigualdade na distribuição de renda –, a dívida externa era de 200 bilhões de dólares em 1980, dez anos depois chegou a 433 bilhões e, em 1999, ascendeu aos 700 bilhões de dólares.

Aumento da pobreza

Ligado ao ponto anterior, muito embora tenha havido avanços em determinadas regiões do planeta, a pobreza aumentou de maneira sensível em números absolutos, crescendo a fratura entre os países desenvolvidos e os países do chamado Terceiro Mundo. Como aponta o Informe de 2005 do Programa das Nações Unidas para o Desenvolvimento (PNUD, 2005, p.4):

> Em termos de desenvolvimento humano, o espaço entre os países tem se caracterizado por profundas e, em alguns casos inclusive, crescentes desigualdades no acesso e nas oportunidades de vida. Uma quinta parte da humanidade vive em países onde muitos não se preocupam em gastar 2 dólares por dia em um cafezinho, e outra quinta parte da humanidade sobrevive com

menos de 1 dólar por dia em países onde as crianças morrem por falta de um simples mosquiteiro.

Mais adiante, o mesmo Informe sentencia: "As diferenças em termos de desenvolvimento humano entre ricos e pobres, já em si mesmas importantes, estão aumentando" (PNUD, 2005, p.21). Vejamos alguns dados a seguir.

Segundo o último Informe do PNUD, em 2005, 2,5 bilhões de pessoas vivem em pobreza extrema, com menos de dois dólares diários. Na década de 1990, 70% dos pobres do planeta eram mulheres. Nesse mesmo Informe, o PNUD (2005, pp.4-5) assinala:

A renda total dos 500 indivíduos mais ricos do mundo é superior à renda dos 416 milhões mais pobres. Além desses extremos, os 2,5 bilhões de pessoas que vivem com menos de 2 dólares por dia – e que representam 40% da população mundial – obtêm apenas 5% da renda mundial. Os 10% mais ricos, quase todos habitantes de países com alta renda, conseguem 54%.

Além do mais, as previsões do PNUD em 2005, com relação aos Objetivos do Milênio (ODM) a serem atingidos até 2015, afirmam que:

- Não se cumprirá a meta de reduzir a mortalidade infantil de menores de 5 anos, e o déficit representa mais de 4,4 milhões de mortes evitáveis em 2015;
- Tampouco se cumprirá o objetivo de reduzir a pobreza no mundo à metade. Os resultados projetados indicam que a quantidade de pessoas que vivem com 1 dólar por dia, ou menos, terá aumentado em 380 milhões em 2015;
- Nem será cumprida a meta em relação ao ensino básico, caso

as atuais tendências se mantenham, pois em 2015 ainda haverá 47 milhões de crianças sem freqüentar a escola.

O informe indica que 163 milhões de crianças menores de 5 anos de idade vivem com peso insuficiente, e 11 milhões de crianças (também menores de 5 anos) morrem anualmente de causas passíveis de prevenção. "A cada hora que passa e sem monopolizar a atenção dos meios de comunicação, morrem mais de 1.200 crianças" (PNUD, 2005, p.1). A seguir, afirma ainda: "A taxa de mortalidade entre as crianças do mundo está diminuindo, mas a tendência está se tornando mais lenta e a diferença entre países ricos e pobres está aumentando" (PNUD, 2005, p.4). Estudo realizado no período entre 1988 e 1993, em 91 países (aproximadamente 84% da população mundial, PNUD, 2001, p.21), revela que a desigualdade mundial é muito elevada:

- Em 1993, os 10% mais pobres do mundo tinham apenas 1,6% da renda dos 10% mais ricos;
- 1% dos mais ricos da população mundial recebeu tanta renda quanto os 57% mais pobres;
- Os 10% mais ricos da população dos Estados Unidos (cerca de 25 milhões de pessoas) tiveram uma renda combinada superior à de 43% dos mais pobres da população mundial (próximo a 2 bilhões de pessoas);
- Cerca de 25% da população do mundo recebeu 75% da renda mundial (em dólares norte-americanos).

Em 1999, os 20% mais ricos da humanidade eram responsáveis por 86% do consumo mundial, enquanto aos 20% mais pobres cabia 1,3% do consumo. O patrimônio das três maiores fortunas do planeta equivalia, em 1999, ao PIB total dos 48 Estados mais pobres, enquanto a fortuna das 200 pessoas mais ricas do mundo alcançava um montante equivalente à de 41% da população do planeta.

As diferenças em termos de renda entre os 20% mais bem situados da população mundial e os 20% pior colocados haviam crescido de maneira espetacular: eram de 30 para 1 em 1960, de 60 para 1 em 1990, e de 74 para 1 em 1997. Ao mesmo tempo, as 200 pessoas mais ricas viram suas fortunas duplicarem entre 1995 e 1998 (PASSET, 2001, pp.160-1). Vale também ressaltar o aumento da pobreza e os processos de exclusão nos países ricos. Em 1999, 19,9% das meninas e dos meninos norte-americanos viviam na pobreza, chegando a 46 milhões de norte-americanos nessas condições. Nesse mesmo ano, eram 50 milhões na Comunidade Européia (PNUD, 2000, p.34).

O retrocesso paulatino da ajuda ao desenvolvimento

Além do aumento da distância entre ricos e pobres, há *um retrocesso paulatino da ajuda ao desenvolvimento.*

No período de 1992 a 1998, os 20 países que compunham o Comitê de Ajuda ao Desenvolvimento da OCDE (Organização para a Cooperação e Desenvolvimento Econômico, hoje com 30 países) rebaixaram seus níveis de ajuda real em 20%, ao mesmo tempo que minguavam – sensivelmente – os níveis de ajuda pública, que diminuíram de 50% para 15% do total. Dados os fatos, apenas Dinamarca, Holanda, Noruega e Suécia pareciam superar 0,7% de seu PIB em ajuda ao desenvolvimento, num cenário em que os países mais ricos, que destinavam 15% de seu PIB à proteção social de seus cidadãos, designavam em troca 0,3% daquele total à ajuda a 1,3 bilhão de pobres do planeta (PASSET, 2001, p.277).

Aos países citados temos de acrescentar Luxemburgo.

Em 2002, celebrou-se na cidade mexicana de Monterrey a Conferência Intergovernamental sobre Financiamento do Desenvolvimento, convocada pelas Nações Unidas para cumprir o acordo da Cúpula do Milênio, ocorrida em setembro de 2000. Entretanto, na cúpula de Monterrey, uma nova e cínica encenação, além de não terem sido alcançados os objetivos definidos pelas Nações Unidas e pelo próprio Banco Mundial, a administração norte-americana impôs como critérios aos países recebedores as seguintes condições: livre comércio, governo justo (ou seja, aliado dos Estados Unidos), estímulo a privatizações, investimento em saúde pública e educação – a única realmente interessante – e, a pérola das condições, fomento aos valores do capitalismo. Mas, além disso, os programas de ajuda serão postos em prática não pelos Estados, mas sim por sociedades e organizações contratadas pelos doadores. Ou seja, menos ajuda, mais controle ideológico e mais interesse em tirar proveito das doações. Nas palavras de José Vidal-Beneyto, "desenvolvimento como um negócio". Como expressa esse autor:

> Monterrey foi uma nova operação de relações públicas dos grandes e médios deste mundo – 63 chefes de Estado e de governo – que tentaram encobrir seus verdadeiros objetivos com uma retórica humanitária já muito esfarrapada e feita de impudicas declarações de solidariedade e de promessas de ajuda largamente descumpridas (2002, p.4).

No fórum paralelo à Conferência, as setecentas ongs reunidas expressaram uma crítica semelhante, considerando que o documento aprovado pela Cúpula "não servia para nada", nem contribuiria para alcançar os objetivos fixados pela ONU, em sua Declaração do Milênio, de reduzir a pobreza no mundo à metade antes de 2015 e atingir objetivos similares no acesso à educação e à saúde entre a população mais pobre. O documento final, examinado pelos 150 delegados e 63 chefes de Estado ou de governo presentes à Conferência, conhecido como "consenso de Monterrey", é confuso e "reflete o interesse dos governos e não o dos povos", não estabelece nenhum compromisso concreto para os países ricos, enquanto exige dos pobres responsabilidade, políticas macroeconômicas saneadas e instituições estáveis para receberem ajuda. Para a ong Intermón-Oxfam, o encontro de Monterrey foi "uma oportunidade perdida"[8]. As ongs européias acreditam que já é hora de criar uma aliança contra a pobreza, ainda que preponde a falta de vontade política para tanto. A prova é que em apenas um mês foi criada a chamada "aliança contra o terrorismo".

No relatório do PNUD de 2005 também são denunciados os acordos de Monterrey para os países recebedores e a moral ambígua dos governos dos países desenvolvidos. Com respeito aos primeiros, os critérios impostos e monitorados trimestralmente pelo FMI diminuem o valor das transações e reduzem a quantia da assistência. Sobre a moral ambígua, "enquanto os governos dos países ricos reconhecem publicamente a importância da ajuda, suas ações até esta data não haviam respaldado suas palavras" (PNUD, 2005, p.8). Vejamos alguns dados singulares que extraímos desse relatório:

• O G8 contém as três nações – Itália, Estados Unidos e Japão – que registram o menor nível de ajuda em comparação ao PIB, dentre as 22 nações da OCDE;

---

8. A "dança das cifras" e as expectativas criadas com a ajuda norte-americana, que se tornou um modesto incremento: diante do PIB dos Estados Unidos de 9,9 trilhões de dólares, os 15 bilhões de ajuda incrementada representam 0,15%, ou seja, um avanço de 0,05% a mais em relação a 2000, e sensivelmente menor que a União Européia (0,39% em média).

- A cada 1 dólar que os países ricos gastam em ajuda, designam outros 10 dólares a fins militares;
- Se o aumento do gasto militar desde 2000 tivesse sido destinado à ajuda, teria alcançado a antiga meta da ONU de dedicar 0,7% do PIB a esse objetivo;
- O gasto atual destinado ao combate à Aids, enfermidade que mata 3 milhões de vidas ao ano, equivale a três dias de gastos militares;
- Os 7 bilhões de dólares anuais necessários durante o próximo decênio para prover acesso de água tratada a 2,6 bilhões de pessoas significam menos que os europeus gastam em perfumes e menos que os norte-americanos despendem em cirurgias plásticas estéticas. Trata-se de uma soma em dinheiro que poderia salvar 4 mil vidas por dia.

Precarização do trabalho

O livre mercado e, com ele, a flexibilidade ou o "mercado flexível de trabalho" que a globalização neoliberal exige implica a precariedade das condições e do próprio trabalho. É o que Ulrich Beck chama de "brasilização do Ocidente": "Estamos assistindo à irrupção do precário, descontínuo, impreciso e informal nesta pequena fortificação que é a sociedade de pleno emprego no Ocidente. Em outras palavras: a multiplicidade, a complexidade e a insegurança do trabalho, assim como o modo de vida do Sul em geral, estão se estendendo aos centros nevrálgicos do mundo ocidental" (BECK, 2000, p.9).

Como assinalou Pierre Bourdieu, "a precariedade está em todas as partes". Os grandes e poderosos de nossa época "têm elevado à categoria de mérito supremo os atributos da mobilidade e da flexibilidade" (BAUMAN, 2001, p.23). Dessa forma, os novos empresários não querem se ver atados a nenhum tipo de contrato a longo prazo, nem ter nenhuma forma de vigilância ou controle. A flexibilidade é a aposta neoliberal, acarretando – citando novamente Bauman – que "a vida de trabalho esteja saturada de incertezas" e, como sustenta, "a incerteza do presente é uma poderosa força individualizadora. Divide, em vez de unir" (2001, p.35). É o que esse autor chama de "economia política da incerteza":

> A economia política da incerteza se reduz ao essencial e à proibição de algumas normas e regulamentações politicamente estabelecidas e garantidas para o desarme das instituições e das associações de defesa que se interponham no caminho do capital e das finanças, impedindo-as de serem verdadeiramente sem fronteiras. A conseqüência geral das duas medidas é um estado de incerteza permanente e ubíqua, em substituição ao império da lei coercitiva e das fórmulas legitimadoras como razões para a obediência (ou, melhor dizendo, como garantia à falta de resistência) aos novos poderes, desta vez superestatais e mundiais (BAUMAN, 2001, p.138).

Assim conclui, como já havia manifestado anteriormente Pierre Bourdieu, que a "economia política da incerteza" inibe as perspectivas de mudança. Com efeito, a flexibilidade e a conseqüente precariedade implicam a formação de pessoas dóceis e submissas. A precariedade é a "nova justificação da submissão" (BAUMAN, 2001, p.22). Noam Chomsky igualmente constata esse fenômeno quando analisa as conseqüências da globalização neoliberal: "Os trabalhadores sentem-se intimidados para pedir aumentos salariais: esta é uma das maravilhas da 'globalização'. E quando os trabalhadores têm medo – aqueles que vão dormir sem saber se terão trabalho no dia seguinte – melhora muito a saúde da economia" (CHOMSKY, 2002b, p.42).

Pierre Bourdieu estabelece uma relação entre a decadência do compromisso político e social e a falta de segurança no futuro por causa da incerteza de trabalho. A situação de precariedade anula a esperança no futuro e a capacidade de rebelar-se, inclusive diante de situações insuportáveis. Em suas palavras, "ao tornar incerto o porvir, a precariedade impede toda a previsão racional e, em especial, esse mínimo de crença e de esperança no dia de amanhã que terá para rebelar-se, sobretudo coletivamente, contra o presente, inclusive contra o mais intolerável" (1999, pp.96-7). Por isso, conclui, "a capacidade de fazer previsões para o futuro é a condição de toda conduta considerada racional [...] Para conceber um projeto revolucionário, isto é, para ter uma intenção bem pensada de transformar o presente em um futuro previsto, necessita-se de um mínimo de domínio sobre o presente" (BOURDIEU, 1999, p.97).

A perda da esperança nas possibilidades de transformação social é um dos fatores mais negativos que a ideologia neoliberal está gerando. Em demasiadas ocasiões constatamos essa perda nas classes com nossos estudantes universitários e nos cursos com os educadores. No caso do mundo ocidental, não ter esperança costuma conduzir a opções de melhorar a vida em nível individual e consumista. Essa situação acaba por refutar o próprio conceito de direitos humanos em sua vertente de direitos econômicos e sociais e o próprio conceito de "estado de bem-estar". Ideólogos e políticos de diversas linhas encarregam-se, ciclicamente, de vir à cena para cumprir sua obrigação[9]. Chomsky nos lembra de que "os Estados Unidos a rechaçam abertamente, como se a categoria dos direitos socioeconômicos não tivesse qualquer *status*" (2002b, p.29). Como afirmou María José Añón, "as críticas aos objetivos clássicos do Estado de bem-estar social,

---

9. Com relação a este episódio, salientamos as declarações de Vaclav Claus, presidente da Câmara dos Deputados da República Tcheca e ex-primeiro-ministro, ao afirmar sem pudor que, a depender dele, "suprimiria o Estado social conquistado na Europa" (*El País*, 14/3/2002).

que, na área econômica, seriam críticas ao pleno emprego, serviços sociais universais, responsabilidade estatal na manutenção de um nível mínimo de vida, correspondem ou são produzidas paralelamente às críticas aos direitos sociais no âmbito jurídico-político, questionando tanto sua autenticidade como direitos quanto os obstáculos para seu exercício e os valores e princípios que os fundamentam: princípios de satisfação de necessidades básicas, liberdade, igualdade e solidariedade" (2000, p.150).

Entretanto, a idéia de dignidade humana – que está no centro do conceito de direitos humanos (JARES, 1999) – relaciona-se não apenas ao que diz respeito aos direitos cívicos e políticos, como também ao cumprimento dos direitos econômicos, sociais e culturais. Com isso, não podemos separar as noções de dignidade e cidadania, dado que esta "não pode ser independente da dimensão social e econômica, e não apenas porque as desigualdades produzem instabilidades, mas porque as situações de não satisfação das necessidades básicas interferem claramente na capacidade de decisão" (AÑÓN, 2000, p.163). Nesse sentido, concordamos com a autora, quando propõe incorporar "à exigência de participação na vida pública, própria da cidadania republicana, a participação ou o desfrute dos resultados sociais e, como conseqüência, ser cidadão não pode estar reduzido ao âmbito da titularidade de direitos, mas exige também a satisfação de todos os direitos, incluídos os sociais" (AÑÓN, 2000, p.165).

Progressivo aumento da exclusão social

Ser uma pessoa socialmente incluída ou excluída vai depender, fundamentalmente, de ter ou não trabalho remunerado digno e estável. Por conseguinte se, como vimos, uma das principais características que definem a globalização neoliberal é a precariedade de trabalho – além da situação já estabelecida de desemprego –, essa situação vai gerar bolsões de vulnerabilidade, marginalização e exclusão. De fato, Joaquín García Roca fala de três cenários possíveis, em vista de nossa relação de trabalho, e dos significados e das práticas sociais que implicam: "*a zona de coesão, a zona de vulnerabilidade e a zona de exclusão*, que se desdobram como um *continuum*, desde o trabalho fixo, vínculos estáveis e significados plenos (zona de coesão) até o desemprego, a ruptura dos vínculos e a falta de sentido nas motivações (zona de exclusão), passando pela zona intermediária de vulnerabilidade, na qual o trabalho, as relações sociais e os significados vitais acontecem de maneira precária, instável e frágil" (1996, p.92).

Por isso, apenas uma política capaz de conseguir pleno emprego, de ampliar o consumo a todas as camadas sociais e de generalizar a proteção está em condições de tornar a sociedade coesa. Esse objetivo é conhecido como estado de bem-estar social, que é a última transformação do Estado (ROSANVALLON, 1981). Todavia, como assinalou Hannah Arendt (1993, p.38), atualmente a questão essencial do discurso sobre a pobreza é a existência de trabalhadores sem trabalho e, como já dissemos, o progressivo aumento do emprego precário, de tal modo que o contrato por prazo indefinido está a ponto de perder sua hegemonia e adquire maior vigência no trabalho por tempo determinado. A diversidade e a descontinuidade nas formas de emprego estão a ponto de suplantar o paradigma do emprego homogêneo e estável.

Tudo isso tem dado lugar ao que se denomina quarto mundo, ou o terceiro mundo em casa. Uma faixa limitada que não participa do jogo comum. Como diz Bauman, "há uma peculiaridade que todos compartilham: não encontram razão para existir; é possível que imaginem que seria melhor se não existissem. As pessoas são empurradas à marginalidade por serem consideradas definitivamente inúteis, sem as quais todos nós viveríamos sem problemas. Os marginais enfeiam uma paisagem que, sem eles, seria formosa; são erva daninha, desagradável e faminta, que não agrega nada à harmoniosa beleza do jardim, mas priva as plantas cultivadas do alimento que merecem. Todos nos beneficiaríamos se desaparecessem" (2000, p.104). Em poucas palavras e parafraseando o próprio Bauman, "ser pobre é um delito".

Essa situação tem provocado a reivindicação de um novo direito, o direito à inserção (GARCÍA ROCA, 1995; ROSANVALLON, 1996). A luta contra a exclusão convida a explorar um terceiro tipo de direito, que articula ajuda econômica, participação social e envolvimento pessoal. O direito de inserção representa um novo tipo de direito social que ocupa uma posição intermediária entre direito (que é acessível a todos) e contrato (com a participação dos excluídos, vinculado a uma contrapartida por meio de seu compromisso pessoal). Esse compromisso vai da formação à participação em atividades de interesse geral, dos esforços pessoais de reabilitação à promoção de organizações sociais.

Conteúdos educacionais para enfrentar a nova situação

Os atentados de 11 de setembro reforçaram a idéia de priorizar a educação para o conflito e sua resolução não-violenta, a educação para o desenvolvimento e a educação multicultural e anti-racista. Mais concretamente, consideramos que, com base nos princípios básicos de não-violência – rejeição à violência como forma de resolução de conflitos e busca da coerência entre meios e fins, que devem ser difundidos e desfrutar *status* especial em toda proposta educacional –, a resposta educativa deve priorizar os objetivos e conteúdos a seguir.

Enfatizar o valor da vida humana e a cultura da não-violência

Em primeiro lugar, os atentados de 11 de setembro presumem, entre outras coisas, a violação de dois princípios fundamentais, muito ligados ao tipo de educação e cultura no qual somos socializados: desprezo pela vida humana e fratura da necessária unidade que deve existir entre os fins e os meios em toda luta política e social. A violação desses dois princípios não é novidade para muitos países que sofrem com o fenômeno terrorista, entre eles a Espanha. Tampouco é novidade para os Estados Unidos, que tem praticado e estimulado o terrorismo – de Estado – em diversos países e períodos históricos. A novidade realmente reside no elevado número de vítimas no atentado e, sobretudo, no fato de ter ocorrido no coração financeiro, político e militar dos Estados Unidos. Como já dissemos, é a primeira vez, desde a guerra de 1812, que o território norte-americano se vê atacado e, inclusive, ameaçado.

No caso dos atentados, a violação dos dois princípios se inicia pelos terroristas, no entanto os Estados Unidos o fazem, posteriormente, com o bombardeio massivo do Afeganistão. Nessa guerra não declarada, já morreram, segundo declarações de várias pessoas autorizadas, muito mais pessoas do que no ataque às Torres Gêmeas e ao Pentágono. Além disso, não podemos esquecer o terrível drama humano dos refugiados e as penúrias da população, levando milhões de pessoas a se ver como reféns no próprio país[10].

Para todos que acreditam e defendem que todos os meios são

---

10. Como publicou The New York Times, o número de afegãos necessitados de ajuda alimentar aumentaria em 50% como resultado do bombardeio, até chegar a 7,5 milhões de pessoas. Da mesma forma, a Alta Comissária para os Direitos Humanos da ONU, Mary Robinson, advertiu sobre a catástrofe humanitária advinda dos bombardeios.

válidos contra o terrorismo, devemos recordar que é precisamente esta a lógica terrorista. Como bem sabemos, na história recente da Espanha, o uso de métodos ilegais e não democráticos na luta antiterrorista se volta rapidamente contra os fins buscados. Na luta antiterrorista, deve-se respeitar a vida de seres inocentes e o direito, nacional ou internacional. Uma vez mais devemos recordar que a guerra não é a continuação da política por outros meios, como afirmou Karl Clauswitz (1984), porém o fracasso da política e da humanidade.

Sob a perspectiva da educação para a paz, devemos reforçar nossas inequívocas propostas em favor de uma cultura de não-violência, que começa pelo respeito à vida dos demais e aos princípios democráticos.

A busca da verdade e o ensino da verdade histórica

Os professores – sobretudo os de História – deveriam aproveitar o ato terrorista para fomentar a rejeição à violência. Sem cair em nenhum tipo de antiamericanismo, deveriam explicar a história recente dos Estados Unidos, quando eles utilizaram e incentivaram políticas e práticas igualmente condenáveis que podem ser enquadradas na categoria de terrorismo de Estado. Com a análise desses e de outros exemplos, estaremos em melhores condições para encarar a resposta à questão formulada ao presidente Bush depois do 11 de setembro: "Os norte-americanos perguntam-se: por que nos odeiam tanto?". A resposta a essa pergunta não é a oferecida pelo próprio Bush: "Porque odeiam nossas liberdades"[11], mas sim a injustiça e a dominação dos Estados Unidos. Como afirmou Jon Sobrino, "apenas com a vontade

---
11. Se esta fosse realmente a razão, outros países com maiores níveis de liberdade e qualidade de vida, como os nórdicos e alguns da Europa central, teriam de experimentar ataque semelhante.

da verdade descobre-se a verdade maior. É certo que existe terrorismo, mas a verdade é maior. As potências sempre o utilizaram quando tiveram vontade: em Auschwitz, Hiroshima e Gulag, há tempos, e sobretudo os Estados Unidos na América Latina, nos anos 1960 e 1980, no Iraque e Sudão, mais recentemente. Na atualidade, por meio de três países – Uganda, Ruanda e Burundi –, mantêm viva a guerra do coltan* na República do Congo, com 80 mil mortos por mês em dois anos. E mantém-se o terrorismo do qual não se fala; campeia impávido o terrorismo da fome, da pobreza, o que gera milhões de excluídos e refugiados, o que impinge a ignorância e o desprezo à Aids" (SOBRINO, 2002a, pp.131-2). Este primeiro princípio nos leva a um segundo, ao qual está intimamente ligado.

Ir às causas dos problemas

A busca da verdade tem de nos levar necessariamente à análise das causas dos problemas. Como já manifestamos (JARES, 2001), o primeiro passo para resolver os conflitos é compreendê-los em toda sua extensão, sem apriorismos e preconceitos. Analisar as causas deve levar-nos a levantar um mapa do conflito, que nos sirva de guia para a resolução. Como afirma José Maria Tortosa, "se não se vai às causas, a violência voltará a apresentar-se" (2001b,

---

* Coltan é a abreviatura de columbita-tantalita, uma série de minerais formados pela mistura de columbita [(Fe, Mn)Nb$_2$O$_6$] e tantalita [(Fe, Mn)Ta$_2$O$_6$], em qualquer proporção. Dessa combinação extrai-se o metal tântalo, de grande resistência ao calor e com propriedades elétricas, utilizado na fabricação de elementos de alta tecnologia como telefones móveis, aparelhos de DVD, videogames etc. É um recurso estratégico imprescindível na fabricação de componentes eletrônicos avançados e projetos de alta tecnologia. Dentre os principais produtores de coltan, estão a República Democrática do Congo (com 80% das reservas mundiais estimadas), Austrália, Brasil e Tailândia. Segundo informes de agências internacionais e da imprensa, a exportação de coltan ajudou a financiar vários grupos da Segunda Guerra do Congo, conflito que resultou em aproximadamente 4 milhões de mortos. (N. de T.)

p.35). No caso dos atentados de 11 de setembro, as causas (cf. o item Outros atentados anteriores e posteriores) são a pobreza e a crescente desigualdade entre ricos e pobres no mundo, complicadas pela globalização neoliberal; o terrorismo de Estado praticado pelos Estados Unidos e sua política nas últimas décadas, muito particularmente em relação ao contencioso Palestina-Israel e a Guerra do Golfo; o fanatismo de um setor da população propugnado por grupos extremistas muçulmanos que utilizam uma interpretação manipulada e fundamentalista do Corão, tal como nos têm advertido diversos intelectuais muçulmanos.

Essa interpretação tem sido utilizada para criminalizar o Islã em seu conjunto e desencadear uma política cultural de hostilização aos mulçumanos. Como escreveu o ensaísta palestino Edward Said oito dias após os atentados: "Não há só um Islã: há vários Islãs, como há vários Estados Unidos. A diversidade é certa em todas as tradições, religiões ou nações, ainda que alguns de seus seguidores tenham tentado inutilmente traçar fronteiras ao redor de si mesmos e definir claramente seus credos" (2001b). Diversos títulos abordaram essa questão depois dos atentados, entre eles *Não há absolutamente nada que justifique o terrorismo*, do poeta palestino Mahmud Darwish e outros intelectuais palestinos (2002), em que condenam o terrorismo – "o terror jamais aplana o caminho para chegar à justiça, mas é o atalho mais curto para chegar ao inferno" –; a polarização do mundo em dois grupos – "um de bondade absoluta, outro de maldade absoluta" –; a demonização da cultura árabe islâmica – "neste contexto, a insistência dos modernos orientalistas de que o terrorismo reside na própria natureza da cultura árabe e islâmica não contribui em nada para o diagnóstico do enigma e, por conseguinte, não nos oferece nenhuma solução. Mas, sim, faz com que a solução seja mais enigmática, porque se torna refém do jugo do racismo"; e, finalmente, insta a superar a dor por meio da análise das causas, escapando do "conflito de culturas" e, "pelo contrário", "refletir sobre a sinceridade" da política externa norte-americana. Em todo caso, não podemos nos esquivar do avanço do integrismo em determinados países. Nesse sentido, a luta contra todo tipo de fundamentalismo é uma tarefa essencialmente educativa. No caso do mundo muçulmano, devemos apoiar as lutas para desmascarar o integrismo islâmico: "Ao ocultar seus interesses políticos por trás do discurso religioso, e amiúde as justas reivindicações dos setores sociais marginalizados, os grupos dirigentes do movimento integrista estão levando à prática uma manipulação cultural, que pode ser comparada à utilização da mensagem cristã pela Inquisição ou do socialismo pelo sistema totalitário soviético. Em outras palavras, é uma desvalorização da religião feita por grupos que querem se estabelecer com o poder político" (NAÏR, 1995, p.89). O próprio Samir Naïr nos chama à atenção sobre os efeitos devastadores da aplicação da lei religiosa islâmica, a *sharia*. "A experiência nos confirma que onde a *sharia* é imposta surge o despotismo sangrento dos religiosos fanáticos, o desprezo pelos direitos humanos (pois os integristas não consideram o homem, e sim o crente) e, finalmente, o terrorismo contra a mulher, como ocorre no Irã, Arábia Saudita ou Sudão" (NAÏR, 1995, p.90).

Valorizar a justiça e rejeitar a vingança e o ódio

Compreendemos a dor e a raiva geradas pela morte de vidas inocentes. Mas o povo norte-americano deve compreender que esses mesmos sentimentos também se manifestaram em muitas pessoas de diferentes partes do planeta e em distintos períodos históricos, produzidos precisamente pelo Exército ou agentes da administração norte-americana ou outras organizações a serviço da política externa do país. Como afirmou Ulrich Beck, "nenhuma causa, nenhum deus, nenhuma idéia abstrata pode justificar o atentado terrorista contra o World Trade Center. Não se trata de um ataque contra os Estados Unidos, mas contra os valores da Humanidade e da civilização, e de um ataque contra os valores do Islã, um ataque contra todos nós".

Pois bem, como já dissemos, diante da injustiça e do terror não devemos responder com os mesmos métodos, com a vingança e o ódio. Como escreveu David Held:

> O terrorismo nega nossos mais íntimos princípios e ambições. Mas, uma resposta defensável, justificável e sustentável ao 11 de setembro deve estar em acordo com nossos princípios básicos e com as aspirações de segurança da sociedade internacional, com o direito e a administração imparcial da justiça, aspirações dolorosamente formuladas depois do Holocausto e da Segunda Guerra Mundial. Se os meios empregados para lutar contra o terrorismo contradizem esses princípios, pode ser que satisfaça a emoção do momento, mas nossa mútua vulnerabilidade se verá acentuada. Estaremos mais distantes de uma ordem mundial mais justa e segura (2001).

A escritora indiana Arundhati Roy, referindo-se à "Operação justiça infinita" proclamada pela administração Bush[12], denuncia essa curiosa expressão de justiça: "Observemos a justiça infinita do novo século: civis que morrem de inanição, enquanto esperam que os matem" (Cit. por CHOMSKY, 2002a, p.108). Por conseguinte, não é esse o tipo de justiça de que necessitamos. Como assinalou José Saramago no ato de encerramento do II Fórum Social Mundial de Porto Alegre (Brasil, 2002), não precisamos da justiça "que se envolve em túnicas de teatro

---

12. Posteriormente renomeada como "liberdade duradoura".

e nos confunde com flores de vã retórica judicial, não a que permitiu que lhe vendassem os olhos e pervertessem os pratos da balança, não a de espada que sempre corta mais de um lado que de outro, mas sim uma justiça pedestre, uma justiça companheira cotidiana dos homens, uma justiça para a qual o justo seria o sinônimo mais exato e rigoroso de ético, uma justiça que chegasse a ser tão indispensável para a felicidade do espírito quanto indispensável para a vida é o alimento do corpo. Uma justiça exercida pelos tribunais, sem dúvida, sempre que a eles o determinasse a lei, mas também, e sobretudo, uma justiça que fosse emanação espontânea da própria sociedade em ação, uma justiça na qual se manifestasse, como ineludível imperativo moral, o respeito pelo *direito a ser* que assiste a cada ser humano" (2002).

O ódio é contrário a uma cultura de paz e convivência respeitosa. O ódio nega, em sua essência mesma, o sentido educativo. Por isso, diante da política do ódio, do "busca-se vivo ou morto", devemos enfrentar os conflitos sob outra perspectiva: a perspectiva racional e não-violenta, a única que, a longo prazo, nos permite resolver os conflitos de maneira duradoura. Nesse sentido, devemos pedir a nossos alunos formas alternativas de resolução de conflito que não seja a guerra, que retroalimenta a espiral de violência ao gerar mais destruição e mais ódio. Assim, um bom exercício didático é sugerir perguntas em aula semelhantes às que lançou Jon Sobrino (2002a, p.130; 2002b, p.189):

- O que teria acontecido se o Congresso e a Casa Banca – estimulados e apoiados por todas as universidades ocidentais que acreditam na liberdade, na igualdade e na fraternidade, por todas as igrejas e religiões que crêem em um Deus de fracos e vítimas, por todos os movimentos humanistas que defendem o direito do ser humano à vida – houvessem perguntado por que tal horror, o que este país terá feito em seus séculos de existência para incitar ao ódio?

- O que teria acontecido se tivessem aberto os olhos à sua própria realidade e seu coração à dor que infligiram ao planeta?

- O que teria acontecido se, unilateral e precisamente nesses momentos, houvessem manifestado gestos de apreço aos povos muçulmanos e de todo o Terceiro Mundo, gestos de compaixão a seus agentes que carregam séculos de pobreza e sofrimento, gestos de intercâmbio de riquezas naturais e espirituais, e não a depredação de matérias-primas e a imposição de uma pseudocultura?

- O que teria acontecido se a primeira palavra, sem eximir a dor nem a busca da justiça para os culpados, houvesse sido um convite à reconciliação?

A vingança e o ódio também devem ser eliminados das *madraçais*, escolas corânicas de diversos países islâmicos, regidas por fortes princípios fundamentalistas e de atentado à dignidade humana[13]. É desse tipo de centros escolares que surgem os talibãs (plural da palavra persa *telebeh*: buscador da verdade). Além de centros fechados para mulheres, "os talibãs ultrapassaram a tradição deobandi de aprendizagem e reforma: não aceitam a dúvida senão como pecado, o debate é heresia. Opõem-se à modernidade" (ARRANZ, 2001, p.11). Sem dúvida, todo um tratado de pedagogia doutrinária e fundamentalista que não pode ser tolerado. As conseqüências desse pensamento, quando toma o poder por meio dos talibãs já conhecemos: graves violações dos

---

13. Princípios que, na década de 1980 e primeiros anos de 1990, já estavam presentes nas escolas do Afeganistão e Paquistão, financiadas em parte pelos Estados Unidos. Naqueles momentos da guerra fria e de conflito bélico entre o Afeganistão e a ex-URSS, os centros escolares formavam "lutadores pela liberdade", os mesmos que agora são acusados de produzir terroristas.

direitos humanos fundamentais, que vão dos direitos das mulheres ao direito ao patrimônio comum da humanidade.

Combater o medo

O medo obstaculiza a racionalidade, a convivência e a solidariedade, negando a própria essência do sentido educativo. Tanto no plano individual quanto no social, devemos nos opor às políticas que fomentam o medo – pois este é um processo que debilita as possibilidades cidadãs, individuais e coletivas – e tendem a conduzir à busca de um salvador que elimine, ou ao menos mitigue, as causas que o provocam.

Os dias e os meses posteriores aos atentados de 11 de setembro foram utilizados pela maioria dos dirigentes e ideólogos da política norte-americana para fazer uso desse medo, em benefício das políticas armamentistas e belicistas, disfarçado de um patriotismo asfixiante da racionalidade e da compreensão. Como destacou Cornelius Castoriadis, quando as pessoas aceitam sua impotência deixam de ser autônomas e, com isso, perdem a capacidade de autocondução. As pessoas e as sociedades tornam-se, então, heterônomas, ou seja, dirigidas por outros que traçam o rumo, aceitando placidamente o destino marcado e abandonando toda a esperança de determinar o itinerário da própria nave. Assim, entramos na "era do conformismo universalizado" (CASTORIADIS, 1998).

Lutar contra a ignorância e a manipulação informativa

Devemos reconhecer que, em termos gerais, os atentados trouxeram à tona o grande desconhecimento do Islã. "Basta examinar as manchetes da imprensa ocidental ou assistir às notícias na televisão para comprovar como o desconhecimento, somado à ditadura do imediatismo, prejudicam a análise e a compreensão da realidade concernente aos árabes e a tudo o que se refere ao mundo árabe" (DESRUES, 2001, p.4). Ignorância que, sem dúvida, facilita a rotulagem e imposição de estigmas aos muçulmanos como "inimigos", "mouros", "fundamentalistas" etc.[14]. No plano educacional, os materiais curriculares devem esforçar-se para introduzir informações relativas à cultura árabe, bem como questionar os preconceitos construídos sobre ela. Além disso, no caso da Espanha em particular, como da Europa de modo geral, devemos corrigir a invisibilidade da cultura árabe, pois a imigração desse povo ocupa lugar de destaque no total de imigrantes.

A manipulação da informação deve ocupar um lugar preferencial como objeto de análise, além de ser um meio para levar à prática o primeiro princípio que propugnamos – a busca da verdade. Como ficou claro com relação à Guerra do Golfo, novamente aparece em cena a manipulação da informação como mais um meio que acompanha a contenda bélica. No caso dos atentados nos Estados Unidos e da Guerra do Afeganistão, houve um avanço nessa espiral quando o Pentágono criou o "totalmente orweliano", nas palavras de Ignacio Ramonet (2002), Escritório de Influência Estratégica, "explicitamente encarregado de difundir falsas informações para envenenar a imprensa internacional e influenciar a opinião pública e os dirigentes políticos, tanto dos países aliados, quanto dos Estados inimigos [...] Como nos anos do macarthismo e da guerra fria, sob o controle do Ministério de Defesa norte-americano, uma espécie de ministério da desinformação e da propaganda estabeleceu-se para instaurar (como nas ditaduras ubuescas) a verdade oficial" (RAMONET, 2002). Nesse mesmo sentido, Joaquín Estefanía (2002) fala de um "novo ma-

---
14. Um breve texto introdutório que podemos utilizar nas classes do Ensino Médio, para contradizer esses estereótipos, é o de Hélène Barnier: *Percepciones sobre el mundo árabe*, Madri, CIP, 1997.

carthismo", que tenta desprestigiar e anatematizar o movimento antiglobalização, por parte dos dirigentes políticos conservadores da Europa e América do Norte. Facilitar a compreensão desse tipo de processo diante do poderio midiático que mostra os efeitos, mas não as causas, ajudará, sem dúvida, a promover uma tomada de posição mais racional e menos inclinada ao medo, à angústia e à ameaça que nos espreita[15].

Insistir no valor da democracia e na necessidade da globalização dos direitos humanos

Como propusemos (JARES, 1999), a educação para a paz deve realizar-se pelos e para os direitos humanos. Os direitos humanos são o melhor legado que o século XX nos deixou e, provavelmente, a construção sociocultural mais importante do ser humano. Por isso, os centros educacionais devem fazer frente contra as políticas neoliberais que, assentadas no individualismo, na competitividade, no gerencialismo e na excelência do mercado, questionam os direitos humanos, entre eles o próprio direito à educação, à democracia e ao estado de bem-estar social[16]. Nesse sentido, lutar contra a conversão da democracia em mera liberdade de consumo, que aceita as normas e os valores impostos pelo mercado por meio da "engenharia da persuasão" (RAMONET, 1995, p.68), é tarefa prioritária das educadoras e dos educadores para a paz[17].

---

15. Um livro breve e de fácil leitura para trabalhar essa temática é o de Chomsky e Ramonet, *Cómo nos venden la moto*, Barcelona, Icaria, 1995.

16. Uma boa análise das relações entre neoliberalismo e educação pode ser encontrada no livro de Jurjo Torres, *Educación em tiempos de neoliberalismo*, Madri, Morata, 2001.

17. Neste mesmo sentido coincide o relatório do PNUD (2000). Das sete características que são destacadas para garantir os direitos humanos, a de número dois faz referência à necessidade de uma "democracia inclusiva, que proteja os direitos das minorias, considere a separação dos poderes e vele pela responsabilidade pública. Não bastam as eleições" (PNUD, 2000, p.7).

EDUCAR PARA A PAZ EM TEMPOS DIFÍCEIS ▍143

A luta em favor de uma justiça internacional está ligada à luta contra a impunidade, e ambas à luta pelos direitos humanos.

Qualquer que seja a causa, a impunidade significa, em última instância, a negação da justiça para as vítimas e cria um clima em que os indivíduos podem continuar a cometer violações, sem medo de serem presos, processados, punidos. O Informe da Anistia Internacional de 2000 destaca que a impunidade – ou seja, os responsáveis pela violação de direitos humanos não são levados à justiça nem punidos – tem em geral sua origem na falta de vontade política, o que por sua vez, amiúde, deriva do fato de serem o próprio Estado ou suas instituições, como o Exército, os responsáveis pelas violações ou pelo estímulo delas. Em outras ocasiões, são grupos privados ou empresas os que desfrutam essa impunidade.

Uma das novidades mais positivas dos últimos anos foi o estabelecimento de instituições internacionais de justiça, como os tribunais internacionais que julgam os crimes cometidos em Ruanda e na ex-Iugoslávia. A decisão tomada pela comunidade internacional de criar, em 1998, o Tribunal Penal Internacional (TPI), com base no Tratado de Roma e na jurisdição sobre crimes lesa-humanidade, de genocídio e de guerra, foi justamente considerada como um passo vital na luta contra a impunidade[18]. O TPI entrou em vigor em 1º de julho de 2002, com a ratificação do Tratado de Roma por mais de 60 Estados, realizada em 11 de abril de 2002[19].

---

18. O relatório do PNUD (2000, p.9) também considera o requisito da justiça em escala mundial uma característica para garantir os direitos humanos.

19. Não podemos deixar de mencionar a forte rejeição dos Estados Unidos a este TPI, por conta da possibilidade de alguns cidadãos norte-americanos serem julgados assim como ações militares já realizadas ou planejadas. Também merece destaque a não-ratificação de países como China e Rússia, entre outros.

Sensibilizar sobre a reorganização da ONU como garantia das relações internacionais

Os atentados provocaram uma reação de condenação internacional quase unânime. Contudo, a falta de autocrítica e a política unilateral estabelecida pelos Estados Unidos a partir do 11 de setembro representaram um novo golpe nas Nações Unidas. Como já dissemos, a administração Bush "deveria aproveitar a condenação praticamente unânime e inequívoca do crime que evidenciou a vulnerabilidade dos Estados Unidos diante do terrorismo para exercer a liderança do sistema multilateral, cujo eixo são as Nações Unidas, em vez de acentuar o unilateralismo demonstrado nesse momento, para satisfazer seus interesses ou combater as ameaças à sua segurança, usurpando competências, impondo formas de cooperação a outros Estados, maximizando os efeitos de políticas coercitivas e, evidentemente, recusando limitações à própria soberania, cujos alcance e verificação não estão em suas próprias mãos" (REMIRO BROTÓNS, 2002, p.112).

Tampouco podemos aceitar as críticas daqueles que, rapidamente, prestaram-se a pedir a dissolução das Nações Unidas por sua inoperância. O problema do terrorismo, assim como o da contaminação do planeta ou o julgamento de todos aqueles que cometam crimes contra a humanidade, são aspectos que necessitam de uma resposta global e das Nações Unidas plenamente democráticas e não atadas a superpotências. Nesse sentido, consideramos que o desafio não é pedir sua dissolução, mas sim reformas que façam das Nações Unidas uma autêntica organização internacional mais democrática e mais operativa – e, portanto, com mais meios – e adaptada à nova situação internacional.

Oferecer alternativas e facilitar o conhecimento das conquistas sociais

Ao mesmo tempo que se apresentam dados comprobatórios da inequívoca afirmação de que vivemos em um mundo desigual, injusto e violento, é necessário oferecer alternativas. Como professor de Ensino Médio e, hoje, como professor universitário e de cursos para educadores, constatei a reação de impotência suscitada, em numerosas ocasiões, ao se conhecerem os terríveis índices aqui expostos. Por isso, é necessário tornar conhecidas também as propostas e as conquistas sociais realizadas ao longo do chamado processo de humanização da humanidade. O conhecimento das diferentes violações dos direitos humanos[20] deve ser acompanhado do conhecimento dos avanços e das conquistas sociais. Por exemplo, ainda que o escravismo persista no século XXI, não podemos deixar de apresentar o enorme avanço que a humanidade conseguiu nessa área; ainda que existam sexismo e violência contra as mulheres, não podemos deixar de mencionar a história e os avanços da luta feminista; ainda que haja violência e intolerância, também há espaços de liberdade e de ternura.

Ademais, o sistema educacional deve atualizar a apresentação das diferentes propostas levadas a cabo com o objetivo de solucionar os problemas apontados. Tais propostas devem ser examinadas e investigadas pelos estudantes, que também devem ter a oportunidade de ser protagonistas de possíveis novas alternativas. Algumas das propostas lançadas em diferentes fóruns, que devemos trabalhar nas classes do Ensino Médio e da universidade, são:

---

20. Um catálogo dessas violações pode ser encontrado nos informes anuais da Anistia Internacional ou do Human Rights Watch.

- Aplicação da Taxa Tobin. Se aplicássemos a taxa proposta nos anos 1970 por James Tobin, Prêmio Nobel de Economia em 1981, que incidiria sobre as transações internacionais com o imposto de 0,1%, com a quantidade arrecadada em 1995, segundo o PNUD, obteríamos (CASALS, 2001, pp.56-7):

- Uma soma superior à necessária para desenvolver um programa planetário de erradicação da pobreza;
- 10% da soma arrecadada bastaria para que todos os habitantes do planeta tivessem acesso a saneamento básico, suprimiria as formas de desnutrição e proporcionaria água potável a todo o mundo;
- Com 5% seria possível estabelecer uma rede de planejamento familiar para estabilizar a população mundial no ano de 2015;
- Com 3% se conseguiria reduzir à metade a taxa de analfabetismo na população adulta e universalizar o ensino básico.

Estudos mais recentes, como o realizado por Paul Bernd Spahn, catedrático em Finanças Públicas da Universidade de Frankfurt (*El País*, 22/3/2002), revalidam a viabilidade dessa taxa se houvesse vontade política, calculando que apenas na Europa seriam gerados investimentos anuais de 17 a 20 bilhões de euros, que poderiam ser utilizados para a ajuda ao desenvolvimento.

- Abolição da dívida externa. A abolição da dívida significaria para os credores – FMI e Banco Mundial, estados e bancos privados – apenas 5% de perdas em suas carteiras, mas para os países em desenvolvimento é uma necessidade vital que, somada aos câmbios que o sistema internacional impõe a esses países, às reformas internas e à luta contra a corrupção, poderiam vislumbrar um futuro de progresso para todos, tornando possível o direito ao desenvolvimento.

■ Fortalecimento da democracia e sujeição da economia à política. Implica revitalizar a sociedade civil, por meio das estruturas de participação social, e protagonizar as tomadas de decisão que nos afetam[21].

■ Redução dos gastos militares em benefício dos gastos sociais. Esta antiga reivindicação do movimento pacifista, desde os anos 1970, continua a ter pleno sentido na atualidade. Os exercícios didáticos sobre gastos militares e seu uso em gastos alternativos continuam sendo uma prática necessária[22].

■ Cumprimento da ajuda ao desenvolvimento na ordem de 0,7%. Como já dissemos, apenas cinco países obedecem a taxa de 0,7% do PIB, fixada pelas Nações Unidas em 1970, para ajuda ao desenvolvimento. Segundo o Informe da OCDE de 2000, a Espanha destinou 0,22%, muito embora depois das importantes mobilizações cidadãs em favor do 0,7%, em 1994, chegou-se a firmar o chamado Pacto pela Solidariedade em 1995, pelo qual a ajuda ao desenvolvimento se elevaria para 0,5% em 1996 e ao ansiado 0,7%, no ano 2000. Lamentavelmente, tal Pacto acabou se tornando letra morta[23].

■ Eliminação dos paraísos fiscais. Os chamados paraísos fiscais são pequenos territórios ou Estados sem legislações ou com legis-

---

21. Um caso paradigmático nesse sentido é a experiência de Porto Alegre (Brasil), por meio do orçamento participativo.

22. Exemplo disso é a unidade didática que realizamos no seminário de educação para a paz da Associação Pró-Direitos Humanos (APDH, 1990): *Amemos a paz: gastos militares y necesidades humanas*, Madri, APDH.

23. A distribuição desta ajuda por país, segundo dados da OCDE de 2000, é realizada da seguinte forma: Dinamarca: 1,06%; Holanda: 0,84%; Suécia: 0,80%; Noruega: 0,80%; Luxemburgo: 0,71%; Bélgica: 0,36%; França: 0,32%; Reino Unido: 0,32%; Finlândia: 0,31%; Japão: 0,27%; Alemanha: 0,27%; Portugal: 0,26%; Espanha: 0,22%; Grécia: 0,19%; Estados Unidos: 0,10%.

lações bastante inexpressivas em termos de controles e impostos para os capitais. Susan Strange (1999) afirmou que as funções dos paraísos fiscais são três: 1) ocultar os ingressos procedentes de fraudes privadas e do crime financeiro; 2) ludibriar as normas fiscais dos Estados e 3) facilitar a malversação cometida por políticos e funcionários públicos corruptos. A desregulamentação e a falta de controle sobre o capital que o neoliberalismo impõe facilitam a proliferação desses territórios — estimativas apontam entre 60 e 90 em todo o mundo (TAIBO, 2002a, p.70).

Educar para o valor do compromisso e a esperança

Como já desenvolvemos em outros textos, "a esperança é uma necessidade vital, o pão da vida, e como tal é parte da mais pura essência da natureza dos seres humanos. Não se trata de um agregado forçado ou de uma banalidade prescindível; ao contrário, a esperança acompanha o ser humano desde sua consciência da vida, convertendo-se em uma de suas características definitórias e distintivas. Somos os únicos seres vivos que desejam coisas, modos de ser e estar melhores ou supostamente melhores, que aspiramos a, e acolhemos, processos de mudança para melhorar nossas condições de vida. Somos os únicos seres vivos que sonham e confiam em tempos melhores" (JARES, 2005, p.243). Porque, como argumentava Ernst Bloch (1979 e 2004), o ser humano tem uma natureza de caráter utópico, como realidade inconclusa sujeita a uma contínua transformação.

Da mesma forma, a educação é um processo de futuro carregado de esperança. Pais e educadores precisam transmitir esperança, conviver com ela como uma excelente e necessária companheira de viagem. A esperança está ligada ao otimismo e, nesse sentido, facilita uma convivência positiva, com efeito benéfico para a auto-estima, individual e coletiva, e como antídoto diante da passividade e do conformismo, duas circunstâncias claramente prejudiciais às pessoas e à convivência.

Entretanto, desde os anos 1990, vem se desenvolvendo um potente discurso dominante dos ideólogos do conservadorismo, que falam de aspectos como o fim da história, a única sociedade possível etc. Como destacou Samir Naïr: "O pensamento crítico, a esperança, a simples idéia de que outro mundo é possível têm sido duramente atacados nos últimos anos, em que qualquer proposta se vê qualificada de 'irrealizável' pelo conformismo do pensamento único" (2002, p.12). Há exemplos do que dissemos em todos os campos do saber. Em entrevista de 10 de fevereiro de 2002, publicada no *El País* e em outros periódicos europeus, o historiador britânico Paul Kennedy, docente da Universidade de Yale, Estados Unidos, defende que o mundo tem de aprender a conviver com o império norte-americano e termina a entrevista com estas ilustrativas palavras: "De certo modo, a questão está meramente na grandeza dos Estados Unidos, mais que em sua arbitrariedade. É como se houvesse uma grande jaula de macacos, na qual convivessem símios de diferentes tamanhos e, em um canto, estivesse acocorado um gorila de 230 quilos. Os outros macacos menores teriam de se conformar. Poderíamos nos inclinar ao conceito de que é necessário fazer o gorila pensar na verdade, ainda que seja sacrificando seu destino. Mas se um dia crescer e vir que um macaco pequeno tem algumas boas bananas, vai tomá-las, e ninguém poderá impedi-lo".

Apesar da infeliz comparação – não tanto por nos equiparar aos símios, mas por igualar o mundo a uma jaula –, o pensamento do historiador é um genuíno e atual exemplo da ideologia da resignação, da submissão ao poder, seja qual for a maneira que ele seja exercido. Por isso, Paul Kennedy conclui que, em vista do poder dos Estados Unidos, sem precedentes na história – afirmação que, do ponto de vista histórico, não contestamos, ainda que não deixe de ser passível de discussão –, nada podemos fazer ante o gorila, mesmo que se apodere das bananas de nosso pomar.

Não obstante, desde setores progressistas, e particularmente da pedagogia crítica, vimos insistindo na necessidade de "recuperar o valor da utopia como motor de transformação da sociedade" (TORRES, 2001, p.12), diante da generalização da apatia, da passividade, da indiferença, do fatalismo, do derrotismo e da resignação. Como disse Paulo Freire: "Não entendo a existência humana e a necessária luta para melhorá-la sem a esperança e sem o sonho. A esperança é uma necessidade ontológica" (1993, p.8). Da mesma forma, a partir do modelo crítico, conflituoso e não-violento de educação para a paz (JARES, 1991), temos insistido no papel da educação junto com o compromisso social e a ação política como recursos do ser humano para transformar situações injustas e perversas, por mais difíceis que sejam. Daí o papel conferido à *ação*. Tanto no plano educacional quanto no social, não devemos ficar indiferentes a esses tipos de situação, que significam violação dos direitos humanos, por mais que tenhamos de enfrentar os poderes políticos, midiáticos, econômicos etc. Parafraseando o poeta palestino Mahmud Darwish (2001), devemos seguir o curso do canto até que escasseiem as rosas.

Bibliografia

AMNISTÍA INTERNACIONAL. *Informe 2001. Vamos a clavar los ojos más allá de la infamia para adivinar otro mundo posible.* Madri: EDAI, 2001.

_____. "Insistimos: justicia, no venganza". Em *Amnistía Internacional*, 53 (fev./mar 2002).

AÑÓN, M. J. "El test de la inclusión: los derechos sociales". Em A. ANTÓN (coord.), *Trabajo, derechos sociales y globalización*. Madri: Talasa, 2000.

ARENDT, H. *La condición humana*. Barcelona: Paidós, 1993. [Edição brasileira: *A condição humana*. 10. ed. São Paulo: Forense Universitária, 2005.]

ARRANZ, J. L. "Claves para situar un conflicto". Em *Inetemas*, 22 (dez 2001) 8-12.

BAUMAN, Z. *Trabajo, consumismo y nuevos pobres*. Barcelona: Gedisa, 2000.

_____. *La sociedad individualizada*. Madri: Cátedra, 2001.

BECK, U. *La sociedad del riesgo. Hacia una nueva modernidad*. Barcelona, Paidós, 1998.

_____. *Un nuevo mundo feliz. La precariedad del trabajo en la era de la globalización*. Barcelona: Paidós, 2000.

BLOCH, E. *El principio esperanza*. Madri: Aguilar, 1979, t. II. [Edição brasileira: *O princípio esperança*. São Paulo: Contraponto, 2006, v.2]

_____. *El principio esperanza*. Madri: Trotta, 2004. t. I. [Edição brasileira: *O princípio esperança*. São Paulo: Contraponto, 2005, v.1]

BOURDIEU, P. (dir.) *La miseria del mundo*. Madri: Akal, 1999.

_____. *Contrafuegos 2*. Barcelona: Anagrama, 2001.

CASALS, C. *Globalización. Apuntes de un proceso que está transformando nuestras vidas*. Barcelona: Intermón/Oxfam, 2001.

CASTORIADIS, C. *El ascenso de la insignificancia*. Madri: Cátedra, 1998.

CHOMSKY, N. *El pacifismo revolucionario*. Madri: Siglo XXI, 1973.

_____. *11/09/2001*. Barcelona: RBA, 2002a. [Edição brasileira: *11 de setembro*. São Paulo: Bertrand, 2003.]

———. "Los mercados y la sustancia de la sociedad". Em N. CHOMSKY et alii, *Los límites de la globalización*. Barcelona: Ariel, 2002b. pp.21-46.

CLAUSEWITZ, K. von. *De la guerra*. Barcelona: Labor, 1984. [Edição brasileira: *Da guerra*. São Paulo: Martins Fontes, 1996.]

DARWISH, M. *Menos rosas*. Madri: Hiperión, 2001.

DARWISH, M. et alii. "No hay absolutamente nada que justifique el terrorismo". Em *El País*, Madri, 4 out. 2001.

DESRUES, T. "El Islam y los árabes. Algunos elementos para comprender su unidad y diversidad". Em *Inetemas* 22, (dez. 2001) 4-7.

ESTEFANÍA, J. "El nuevo macartismo". Em *El País*, Madri, 18 mar. 2002.

FORRESTER, V. *Una extraña dictadura*. Barcelona: Anagrama, 2001. [Edição brasileira: *Uma estranha ditadura*. São Paulo: Unesp, 2001.]

FREIRE, P. *Pedagogía de la esperanza*. México D.F.: Siglo XXI, 1993. [Edição brasileira: *Pedagogia da esperança*. São Paulo: Paz e Terra, 1997.]

GARCÍA ROCA, J. *Contra la exclusión*. Santander: Sal Terrae, 1995.

———. "Pobreza, vulnerabilidade e exclusión social". Em X. R. JARES (coord.), *Construír a paz. Cultura para a paz*. Vigo: Xerais, 1996, pp.92-102.

GIMENO SENDRA, V. "EE.UU.: lucha contra el terrorismo y derechos humanos". Em *El País*, Madri, 6 fev. 2002.

HELD, D. "Violencia y justicia en la era mundial". Em *El País*, Madri, 19 set. 2001.

HOUTART, F. *La tiranía del mercado y sus alternativas*. Madri: Popular, 2001.

JARES, X. R. "Escola e paz". Em EDUCADORES POLA PAZ, *Educar para ama-la paz*. A Coruña: Vía Láctea, 1986, pp.44-62.

_____. *Educación para la paz. Su teoría y su práctica*. Madri: Popular, 1991. 3. ed. 2005. [Edição brasileira: *Educação para a paz. Sua teoria e sua prática*. Porto Alegre: Artmed, 2002.]

_____. *Educación y derechos humanos. Estrategias didácticas y organizativas*. Madri: Popular, 1999. 2. ed. 2002.

_____. *Educación y conflicto. Guía de educación para la convivencia*. Madri: Popular, 2001.

_____. *Educar para la verdad y la esperanza. En tiempos de globalización, guerra preventiva y terrorismos*. Madri: Popular, 2005. [Edição brasileira: *Educação para a verdade e para a esperança. Em tempos de globalização, guerra preventiva e terrorismos*. Porto Alegre, Artmed, 2005.

LÓRING, J. "Reflexiones sobre la guerra de Afganistán". Em *Inetemas*, 22 (dez. 2001)13-8.

MARTÍN, H. P. e H. SCHUMANN. *La trampa de la globalización*. Madri: Taurus, 1998. [Edição brasileira: *Armadilha da globalização*. Rio de Janeiro: Globo, 1998.]

NAÏR, S. *En el nombre de Dios*. Barcelona: Icaria, 1995.

_____. "Después de Porto Alegre". Em *El País*, Madri, 12 fev. 2002, pp.12-13.

PASSET, R. *La ilusión neoliberal*. Madri: Debate, 2001. [Edição brasileira: *A ilusão neoliberal*. São Paulo: Record, 2002.]

PNUD. *Informe sobre desarrollo humano 2000. Derechos humanos y desarrollo humano*. México D.F.: Mundi-Prensa, 2000. [*Relatório do desenvolvimento humano 2000. Direitos humanos e desenvolvimento humano – pela liberdade e solidariedade*. Brasil: PNUD, 2000. Disponível em <http://www.pnud.org.br/rdh>]

_____. *Informe sobre desarrollo humano 2001. Poner el adelanto tecnológico al servicio del desarrollo humano*. México D.F.: Mundi-Prensa, 2001. [*Relatório do desenvolvimento humano 2001. Fazendo as novas tecnologias trabalhar para o desenvolvimento* humano. Brasil: PNUD, 2001. Disponível em <http://www.pnud.org.br/rdh>]

_____. Informe sobre desarrollo humano 2005. La cooperación internacional ante una encrucijada. Madri: Mundi-Prensa, 2005.

[Relatório do desenvolvimento humano 2005. Cooperação internacional numa encruzilhada. Brasil: PNUD, 2005. Disponível em <http://www.pnud.org.br/rdh>]

RAMONET, I. "Pensamiento único y nuevos amos del mundo". Em N. CHOMSKY e I. RAMONET, *Cómo nos venden la moto*. Barcelona: Icaria, 1995, pp.55-98.

_____. "El eje del mal". Em *Le Monde Diplomatique* 77 (mar. 2002) edição espanhola.

REMIRO BROTÓNS, A. "Estados Unidos no se pregunta en qué se equivoca". Em *Política Exterior*, v.XVI, n.85 (jan./fev. 2002)111-24.

ROSANVALLON, J. *La crise de l'État providence*. Paris: Éditions du Seuil, 1981. [Edição brasileira: *Crise do estado da providência*. Brasília, UNB, 1977.]

_____. "La revolución del derecho a la inserción". Em *Debats*, 1996, p.54.

SAID, E. "El choque de las ignorancias". Em *El País*, Madri, 10 out. 2001a.

_____. "Pasión colectiva". Em *El País*, Madri, 19 set. 2001b.

_____. "Reacción y marcha atrás". Em *El País*, Madri, 3 out. 2001c.

SARAMAGO, J. "Este mundo de la injusticia globalizada". Em *El País*, Madri, 6 fev. 2002 e também em *Le Monde Diplomatique*, mar. 2002.

SEN, A. *Desarrollo y libertad*. Barcelona: Planeta, 2000. [Edição brasileira: *Desenvolvimento como liberdade*. São Paulo: Companhia das Letras, 2000.]

SOBRINO, J. "Redención del terrorismo". Em *Política Exterior*, v.XVI. n.85, (jan./fev. 2002a) 127-37.

_____. *Terremoto, terrorismo, barbarie y utopia*. Madri: Trotta, 2002b.

STRANGE, S. *Dinero loco*. Barcelona: Paidós, 1999.

_____. *La retirada del estado*. Barcelona: Icaria/Intermón/Oxfam, 2001.

TAIBO, C. *Cien preguntas sobre el nuevo desorden*. Madri: Punto de Lectura, 2002a.

_____. "Sostiene Rumsfeld". Em *El País*, Madri, 9 fev. 2002b.

TORRES, J. *Educación en tiempos de neoliberalismo*. Madri: Morata, 2001.

TORTOSA, J. M. "Cultura(s) de paz: funciones y limites". Em SEMINARIO DE INVESTIGACIÓN PARA LA PAZ, *La paz es una cultura*. Zaragoza: Gobierno de Aragón, 2001a, pp.539-59.

_____. "Del diagnóstico a la terapia". Em *Inetemas*, 22 (dez. 2001b) 34-8.

VIDAL-BENEYTO, J. "El desarrollo como negocio". Em *El País*, Madri, 23 mar. 2002.

4. A educação para a convivência como processo de alfabetização em conflitos

Partindo da complexidade de nossas sociedades, seu crescente multiculturalismo, processos de globalização, maior conflituosidade, presença da violência, que envolve todo o tecido social, voltamos de novo nossa atenção tanto para o sistema educacional quanto para a educação não formal, para exigir-lhes o ensino do convívio, a fim de facilitar os processos de convivência social em escalas local e internacional, sensibilizando sobre a necessidade de eliminar toda forma de violência como meio de resolução de conflitos.

Mas, se no plano das intenções e generalidades estamos todos de acordo, a questão se complica quando nos perguntamos sobre o modelo de convivência e, nesse modelo, acerca do próprio significado da relação conflito-convivência – e, no plano educacional, sobre a metodologia de ensino, em particular, e o papel da educação, em geral. Esse trabalho concentra-se em uma questão prioritária: a formação do professorado. Primeiramente, constata-se a formação deficiente recebida pelo professorado nesses temas; em segundo lugar, realiza-se uma série de propostas de conteúdo que tanto a universidade, na formação inicial, quanto as administrações educacionais, na formação continuada, deveriam considerar para o debate e, se aceitas, colocá-las em prática.

Educar é uma tarefa nobre, complexa e difícil, porém atrativa e necessária, uma constatação que nos parece cada vez mais transparente à medida que avançamos na idade e, talvez, em conhecimento. Porém, sem chegarmos aos meandros vitais, ainda que não nos despojemos totalmente deles, uma prova que sustenta a afirmação inicial é a crescente complexidade da educação, de ser "um bom educador ou uma boa educadora". Uma varredura pela bibliografia dos últimos anos mostra como – diferentemente das propostas simplificadoras e simplistas, caso das "técnicas" e, particularmente, da chamada pedagogia de resultado – os fundamentos e os âmbitos de estudo têm se tornado cada vez mais amplos e complexos.

Nessa evolução e para essa evolução, como não poderia deixar de ser, defrontamos com diversos conflitos e controvérsias de diferentes natureza e profundidade. Em meio a isso, não faltaram nem faltam manipulações conceituais, ideologização e sacralização de determinados vocábulos, diferentes interesses políticos, sociais e culturais defendidos no terreno da educação. Esse processo, inequívoca e "naturalmente" conflituoso, marcou e marca o devir de nosso âmbito de estudo, tal como acontece em todas as áreas do conhecimento.

A partir desse conceito e considerando a complexidade de nossas sociedades, seu crescente multiculturalismo, processos de globalização, maior conflituosidade, presença da violência, envolvendo todo o tecido social etc., voltamos de novo nossa atenção tanto para o sistema educacional quanto para a educação não formal, para reclamar-lhes o aprendizado do convívio como necessidade urgente e imprescindível, a fim de facilitar os processos de convivência social em escalas local e internacional e, evidentemente, sensibilizar sobre a necessidade de eliminar toda forma de violência como meio de resolução de conflitos. Diante disso, como dissemos, é necessário o aprendizado do convívio como elemento fundamental à educação de hoje, como, aliás, já está presente em todo o processo educativo. Não podemos esquecer como historicamente o sistema educacional, junto com a família, sempre teve a missão de socializar as futuras gerações nos cânones de determinadas pautas sociais.

Não é, pois, uma tarefa nova. Por isso o Informe à UNESCO da Comissão Internacional sobre Educação para o Século XXI (DELORS, 1996), presidida por Jacques Delors, ressalta o aprender a conviver como um dos quatro pilares em que se deve sustentar a educação para o século XXI. Da mesma forma, Edgar Morin em seu livro *Os sete saberes necessários à educação do futuro* ressalta que "a democracia, a eqüidade e a justiça social, a paz e a harmonia com nosso entorno natural devem ser as palavras-chave deste mundo em devir" (2001, p.13). Como assinala, a educação do futuro deveria abordar, em qualquer sociedade e em qualquer cultura, sem exceção, a educação para a paz "à qual estamos ligados por essência e vocação" (MORIN, 2001, p.22).

Em resumo, a carência de aprender a conviver torna-se, pois, uma necessidade inadiável de todo o projeto educacional, além de uma requisição formal de nossas leis.

Mas, se sobre o plano das intenções e generalidades estamos todos de acordo, a questão se complica quando nos interrogamos sobre o modelo de convivência e, dentro dele, acerca do próprio significado da relação conflito-convivência – no plano educacional, sobre a metodologia de ensino em particular, e o papel da educação em geral. Ou seja, responder a perguntas como: de qual convivência estamos falando? De que forma ensinamos e aprendemos a conviver? A partir de quais pressupostos e sob quais significados entendemos a disciplina a ser ministrada? Que orientação deve ter a educação, reprodutora ou transformadora? Tudo isso nos leva a tomar posições diferentes, na mesma proporção em que existem diferentes modelos de convivência e educação.

Nesse cenário, um primeiro traço diferencial que nos parece fundamental é o próprio conceito e papel do conflito na convivência em geral e em sua proposta didática, em particular. Assim, como já destacamos (JARES, 2001b, pp.9-10), diante de posições místico-idealistas distantes da realidade que concebem o ideal de convivência como ausência de conflitos, partimos do fato de que estes são inseparáveis da convivência e, muito especialmente, da convivência democrática. Dessa forma, conviver significa viver uns com os outros com base em algumas determinadas relações sociais e códigos valorativos, forçosamente subjetivos, a partir de um contexto social determinado. Esses pólos que marcam o tipo de convivência estão potencialmente cruzados por relações de conflito, o que, de modo algum, significa ameaça à convivência – muito ao contrário. Nas palavras de Pietro Barcellona, "o conflito que estrutura a democracia traz em si, inevitavelmente, o valor da convivência" (1992, p.132).

Um segundo traço diferencial é a própria orientação do processo educacional. Sob quais modelos educacionais educamos? Trata-se de modelos orientados pela e para a convivência democrática ou, ao contrário, é um modelo para a submissão a determinadas estruturas sociais? São modelos que incentivam a autonomia ou a submissão? A igualdade ou a desigualdade? Nesse sentido, a proposta que vimos defendendo há anos se fundamenta na pedagogia crítica e nas propostas do chamado modelo crítico, conflituoso e não-violento de educação para a paz (JARES, 1991). Dessa forma, fazemos nossas as palavras de Paulo Freire (2001, pp.53-4):

> Uma das tarefas primordiais da pedagogia crítica radical e libertadora é promover a legitimidade do sonho ético-político da superação da realidade injusta. É fomentar a autenticidade dessa luta e a possibilidade de mudança, em outras palavras, é trabalhar contra a força da ideologia fatalista dominante, que estimula a imobilidade dos oprimidos e sua acomodação à realidade injusta, necessária para o movimento dos dominadores. É defender uma prática docente em que o ensino rigoroso dos conteúdos nunca se faça de maneira fria, mecânica e falsamente neutra.

Defender uma educação neutra, asséptica, livre de valores é uma forma de "ideologizar" essa mesma educação; é contribuir para legitimar formas de busca e resultados de teorias e práticas sem revelar seus condicionamentos. Toda ação educativa e de ensino é, em si mesma, um assunto moral, o ensino é uma prática moral, e seu exercício é uma habilidade moral. Esse caráter se verifica ou deriva de uma multiplicidade de características porque (GIMENO SACRISTÁN, 1998, pp.53-4):

- Tem um sentido;
- Está orientada por valores;
- Cada ação não mecanizada implica a escolha entre caminhos alternativos;
- A ação é aberta e desfruta autonomia para escolher entre diferentes alternativas;
- Desenvolve-se por meio de relações entre pessoas, o que pressupõe conduzir suas vidas e exercer posições de poder;
- Constantemente são tomadas decisões que têm a ver com relações de igualdade;
- O currículo é uma seleção cultural avaliada, decidida, diante de outras possibilidades;
- A profissão docente está imersa em condições de ambigüidade, é necessário estabelecer controles éticos no lugar em que a ilusão objetivista quis instalar leis científicas a cuja racionalidade os sujeitos deveriam se submeter.

Do mesmo modo, há anos denunciamos a progressiva tentação burocratizadora e desqualificadora da função docente. Além do mais, temos sustentado e sustentamos que transformar a função docente em um ato burocrático não deixa de ser outra forma de violência. Por isso, continuamente suscitamos esse conflito em nossas atividades de formação do professorado, o conflito entre "educadores/as" e "professores/as", que não deixa de ser a atualização do velho conflito entre educar e instruir. Nesse sentido, concordamos com Gimeno Sacristán (1998, p.55), quando fala que:

> Há que se recuperar a ética profissional dos enfoques nas políticas e nos programas de formação do professorado para transbordar a rotinização de uma prática burocratizada, para ultrapassar os enfoques profissionalizantes unilateralmente intelectualistas e limitar as reivindicações puramente corporativistas.

Além do que dissemos, não podemos esquecer como ainda é clara e indubitavelmente deficitária a formação de docentes em temas de paz, resolução de conflitos etc., como atestam as pesquisas feitas sobre o tema, apresentadas a seguir.

A formação do professorado

A essa altura, a pergunta-chave é: como está sendo realizada a formação do professorado nessas temáticas? A resposta não é exatamente tranqüilizadora. Em relação aos contextos e aos processos de educação, evidencia-se um ensino fragmentado pela compartimentalização do saber e da experiência, o que acarreta o ensimesmamento na "disciplinarização" do conhecimento, que gera enfoques simplificadores da realidade e analfabetismo multidisciplinar. Ademais, as aprendizagens sofrem um forte processo desnaturalizador ao afastar-se dos contextos em que adquirem sentido e compreensão. Diante de professores e professoras fundamentalmente transmissores, temos estudantes receptivos que desenvolvem sua inteligência-reservatório, preocupados muito mais, no geral, com a obtenção de um título ou a informação que devem memorizar, do que com o desenvolvimento da capacidade crítica, reflexiva e a criação de sólidas estruturas conceituais, que seriam a base de um ensino para a compreensão.

Tampouco podemos esquecer que a relação universidade-educação para a paz iniciou-se na Espanha com mais atraso que o desejado e, desde já, mais tardiamente que a própria introdução da pesquisa para a paz. Além disso, a educação para a paz "entrou" na universidade ainda mais tarde que nas demais etapas do sistema educacional. Ainda guardamos em nossa memória expressões de incredulidade, desconfiança e rejeição acerca da idoneidade ou da "cientificidade" desses estudos na academia. Para as inevitáveis resistências à mudança, ou ao menos a certas novidades, devemos buscar explicações também na própria configuração das disciplinas, na conceitualização da função social da universidade e nas visões dominantes do pensamento positivista. A partir da educação para a paz aposta-se em alguns valores explícitos, na consideração da educação como uma atividade política e na orientação para a ação, que se chocam com as concepções "técnicas" e "científicas" da educação e, conseqüentemente, seriam descabidos na academia orientada pelo pensamento tecnocrático.

No entanto, as funções básicas da universidade – preparação para o exercício qualificado de uma profissão e incentivo à pesquisa – a partir de determinados enfoques críticos e, claro, da educação para a paz, suscitam dois novos desafios: 1) a necessidade de tornar visível a socialização dos/das universitários/as, com base em valores coerentes com uma cultura de paz e 2) a imersão da universidade nas realidades sociais mais desfavorecidas para defender seu progressivo desaparecimento. Como assinalou o ilustre filósofo Emilio Lledó, pretende-se que as universidades "sejam também escolas de cultura moral, como dizia Humboldt" (2002, p.16). Com essa análise, projeta-se uma universidade cada vez mais ligada ao social, apostando em uma cultura de paz, na defesa e no aprofundamento da democracia, começando por suas próprias estruturas.

Com relação à formação do professorado em temas de conflito e convivência, escopo deste livro, mais que deficitária, ainda é praticamente inexistente, tal como verificamos na pesquisa "Conflito e convivência nos centros educacionais do Ensino Médio", que dirigimos na Galícia (de 1998 a 2001) e nas Ilhas Canárias (entre 2002 e 2003). Efetivamente, a maioria do professorado, exatamente 67,6%, no caso da Galícia – os dados das Ilhas Canárias são praticamente idênticos –, dizem que não receberam nenhum tipo de formação sobre essas temáticas na etapa inicial de formação, e 20,8% afirmam que receberam algum tipo de formação, mas que teria sido "pouco satisfatória". Dessa forma, chegamos à conclusão de que 88,4% do professorado não recebeu nenhum tipo de formação ou, se recebeu, foi pouco satisfatória em seu período de formação inicial, em relação aos temas de educação e conflito. No tocante à formação continuada, observamos mudanças substanciais se comparada à inicial. Um setor significativo do professorado diferencia claramente a formação recebida na etapa inicial da obtida no exercício profissional, na medida em que esta formou um maior número de professores/as e teve uma avaliação mais positiva. Ainda assim, 71,3% dos professores e das professoras respondem que não receberam nenhum tipo de formação ou que teria sido pouco satisfatória.

Esses resultados explicam a limitada bagagem metodológica do professorado para melhorar a convivência e enfrentar os conflitos de forma positiva. Essa relação também é reforçada pelos resultados da variável "disciplina". Efetivamente, os orientadores pedagógicos afirmam ter recebido mais formação, tanto a inicial quanto a continuada, e, em número superior, realizam a maior parte das atividades interrogadas em nossa pesquisa. Também conferem maior importância a esse tipo de formação e mostram maior disposição em participar de programas de melhoria da convivência. Finalmente, a formação mais extensa que os orientadores pedagógicos receberam explica, em nossa opinião, sua percepção menos negativa do conflito.

É necessário, pois, que tanto as universidades – nos planejamentos de formação inicial do professorado – quanto as administrações educacionais – em relação à formação continuada – promovam, de forma urgente, planos de formação que modifiquem essa situação. Isso é especialmente necessário quando se reconhece um aumento da conflituosidade nos centros educacionais. Em todo caso, como já assinalamos, é insustentável que os centros competentes para formação não ofereçam nenhum tipo de preparação nesse sentido aos profissionais cujo objetivo central de trabalho é o ensino dos valores da convivência e a aprendizagem da resolução positiva dos conflitos. É preciso considerar que esses profissionais, sobretudo, terão uma incidência quase diária em seu afazer e que o êxito do exercício profissional, em grande medida, estará condicionado pelas destrezas e habilidades nesse campo.

A necessidade de empreender essa formação fica comprovada ainda pelo outro resultado da pesquisa, que revela que a maioria do professorado outorga grande importância a esse tipo de formação para o desempenho de sua função profissional. Concretamente, nada menos de 89% do professorado considera esse tipo de formação muito ou bastante importante para a formação dos profissionais de educação. É, portanto, uma advertência para a falta de correspondência entre a transcendência que se outorga à formação em tais temas e o conhecimento real dos docentes sobre essa questão.

Finalmente, no tocante à disposição de participar de programas de melhoria da convivência e de aprender a resolver conflitos de forma positiva, os resultados demonstram que alunado e professorado têm uma atitude favorável. Na pesquisa, 62,7% do professorado e 70,3% dos alunos mostraram-se propensos a aprender a resolver conflitos, ou seja, houve concordância de ambos os setores, ainda que com uma ligeira diferença mais favorável no alunado. Nas Ilhas Canárias, os resultados são praticamente idênticos. Portanto, são dados esperançosos para o conjunto da educação em geral e para a melhoria da convivência nos centros educacionais, em particular.

Em relação à formação em direitos humanos, a seção espanhola da Anistia Internacional publicou um informe sobre a formação nas escolas de magistério e faculdades de pedagogia ou ciências da educação (AMNISTÍA INTERNACIONAL, 2003), em que, de forma contundente, conclui acerca da escassa presença e formação nessa temática. O trabalho baseou-se em um questionário aplicado ao professorado e alunado de faculdades de pedagogia ou ciências da educação e escolas universitárias de magistério, bem como sobre a análise dos planos de estudo. Destacam-se as seguintes conclusões:

- Parco interesse do governo espanhol e das comunidades autônomas em promover a educação em direitos humanos, *sem a criação de condições para nenhum dos objetivos da Década das Nações Unidas para Educação em Direitos Humanos*. "Ou seja, não se estabeleceu nenhum comitê nacional ou autônomo, nenhum plano de ação nem qualquer estratégia" (p.7). Comprovação e denúncia que avalizam o Informe recebido pela Anistia Internacional do Alto Comissariado da ONU para os Direitos Humanos, em novembro de 2001, ratificando que a Espanha não cumpriu as recomendações das Nações Unidas (p.39);

EDUCAR PARA A PAZ EM TEMPOS DIFÍCEIS ▌167

- Os estudantes de magistério e de pedagogia desconhecem majoritariamente os principais textos relacionados a direitos humanos.

  Nos últimos anos, tenho chegado à conclusão semelhante, com base nos questionários de conhecimentos prévios distribuídos a meus alunos da disciplina optativa "Modelos de educação para a paz e o desenvolvimento". De meus alunos, entre 72% e 78% não se sentem preparados para ensinar direitos humanos;

- Mais da metade do professorado não conhece o conteúdo das normas e orientações para a ação em direitos humanos. Ao mesmo tempo, o professorado reconhece que os alunos chegam ao final dos estudos sobre a temática com capacitação limitada;

- Nas 40 universidades analisadas, não se encontrou nenhuma disciplina específica de educação em direitos humanos[1].

Em suma, a análise avalia os trabalhos que temos realizado em relação à escassa presença desse tipo de estudo nos projetos pedagógicos das titulações no campo educacional. Situação que, sem dúvida, consideramos extensiva ao conjunto da universidade. Contudo, a educação para a convivência deve realizar-se pelos e para os direitos humanos (JARES, 1999). Todos e cada um dos direitos para todas e cada uma das pessoas. Por isso, fazemos nossas as palavras de José Saramago (2002, p.14) no encerramento do Fórum Social Mundial de Porto Alegre, em 6 de fevereiro de 2002:

---

1. Aqui, deveríamos levar em conta os diferentes rótulos dos componentes. Isto é, educar para a paz é educar para os direitos humanos e vice-versa. Questão que parece não ter sido levada em consideração.

Entre tantas outras discussões necessárias ou indispensáveis, urge, antes que seja demasiado tarde, promover um debate mundial sobre a democracia e as causas de sua decadência, sobre a intervenção dos cidadãos na vida política e social, sobre as relações entre os Estados e o poder econômico e financeiro mundial, sobre aquilo que nega a democracia, sobre o direito à felicidade e a uma existência digna.

Da mesma forma, nesse mesmo texto, são propostos trinta direitos da Declaração Universal como ideário sindical e político a conquistar.

Pelo que foi exposto, finalizo esse ponto exortando à reflexão sobre as palavras do Manifesto Russel-Einstein, de 1955: "Diante de nós está, se assim escolhermos, um contínuo progresso em termos de felicidade, conhecimento e sabedoria". Oxalá a universidade e as instituições de formação do professorado escolham esse caminho diante da barbárie e dos fascismos de todo tipo, mas também tenham um papel destacado para facilitar ao conjunto da população uma transição da cultura da violência para a cultura de paz.

Pressupostos para a formação

A seguir, apresentamos os conteúdos-chave que, em nossa opinião, devem fazer parte de todo o processo de formação do professorado, necessariamente teórico-prático, que considere os princípios inspiradores do enfrentamento não-violento dos conflitos. Com essa proposta de conteúdos, queremos iniciar um debate tanto na universidade quanto no âmbito da formação continuada do professorado sobre essa dimensão formativa dos educadores. O ensino é uma atividade que exige a prática de habilidades e conhecimentos tão numerosos e variados que, em sua maioria, dificilmente são explicitados. Por isso e pelo fato de acreditarmos no papel da crítica, a assumimos não apenas como ponto de partida mas também como instrumento permanente da própria melhoria da proposta.

Nesse sentido, nossa proposta realiza-se com base em uma atitude semelhante à idéia de currículo que Stenhouse (1984, p.29) defendeu: "Uma tentativa para comunicar os princípios e desafios essenciais de um propósito educativo, de tal forma que permaneça aberto à discussão crítica e possa efetivamente ser levado à prática". Além da dificuldade e da complexidade da proposta pela temática em si mesma, bem como pela quantidade e variedade de decisões a serem tomadas, também devemos assumir uma inevitável parcela de risco como aposta pessoal. Mas a educação sempre implica uma margem de risco e, como já dissemos, "é necessário aprender a navegar em um oceano de incertezas através de arquipélagos de certeza" (MORIN, 2001, p.21).

A compreensão positiva e processual do conflito

Ainda que possa parecer paradoxal, o ponto de partida dos programas de formação deve ser a realidade do conflito (JARES, 2001b, 2006). O próprio currículo acadêmico deveria ser colocado em prática com base nessa noção. A perspectiva criativa do conflito nos leva a um aspecto central da convivência, à forma de nos relacionarmos com o conflito. Em outras palavras, não é possível separar a convivência do conflito, por isso a estrutura dos diversos tipos de programas educacionais deve ser concebida a partir dos conflitos e para eles, diferentemente de modelos que pretendem negá-los e silenciá-los. Dessa forma, quem ignora a complexidade e os conflitos da vida, e imagina-se em uma realidade totalmente idílica e de estilo descomprometido, expõe a si mesmo e aos demais a atropelos e ao engano, e termina vítima ou cúmplice incauto dos que abusam de seu poder de forma imoral, porque não tem consciência de que estão abusando (MAGRIS, 2001, p.120).

Consideramos o conflito natural e inevitável à existência humana e lhe conferimos uma característica realmente contrária à concepção tradicional: sua necessidade. Com efeito, o conflito não é apenas uma realidade e um fato mais ou menos cotidiano, mas é necessário enfrentá-lo também como um valor, "pois o conflito e as posições discrepantes podem e devem gerar o debate e servir como base para a crítica pedagógica, e, evidentemente, como uma esfera de luta ideológica e articulação de práticas sociais e educacionais libertadoras" (ESCUDERO, 1992, p.27). A teoria não-violenta do conflito enfatiza a idéia de que este não tem de ser necessariamente negativo, nem comportar destruição ou ódio. Ao contrário, o elemento central da linha gandhiana com relação ao conflito reside no fato de ser considerado "uma dádiva, uma grande oportunidade, potencialmente um benefício para todos" (GALTUNG, 1987, p.89). Por conseguinte, seja qual for o tipo de conflito, podemos dizer que, em geral, "é um fenômeno necessário para o crescimento e o desenvolvimento, tanto dos indivíduos quanto das sociedades globalmente reconhecidas" (SMITH, 1979, p.180).

Com relação ao caráter processual do conflito, queremos dizer que – como processo social que é – segue determinado roteiro com seus altos e baixos na intensidade, seus momentos de inflexão etc. Para descrevê-lo em termos gráficos, o conflito se parece mais a um eletrocardiograma, em que um ponto ou uma linha chama a atenção, e a partir dessa perspectiva processual será estudado. Por isso, vimos utilizando a expressão *conflitograma* (JARES, 2001a, 2001b) para nos referirmos a essa concepção processual do conflito, idéia também ressaltada por diversos autores, como J. Galtung, J. P. Lederach ou M. H. Ross. Este último o denomina "fenômeno evolutivo": "Não se pode dizer que o conflito seja um acontecimento de um único instante, e sim devemos considerá-lo como um fenômeno evolutivo" (ROSS, 1995, p.101).

A especificidade de cada situação conflituosa

Em primeiro lugar, não é demais relembrar a complexidade do fenômeno educativo em geral e do fato conflituoso, em particular, o que nos impede de atribuir uma resposta contundente e taxativa que seja generalizada a todo tipo de situação. Nesse sentido, contrariando diversas publicações enquadradas em esquemas tecnocráticos, consideramos necessário ter a suficiente cautela para não nos aferrarmos a estruturas prefixadas e inalteráveis e reconhecer que as possibilidades de intervenção têm de estar emolduradas pela necessária combinação dos saberes e princípios genéricos, apoiada pelas diversas disciplinas que se ocupam de estudar os conflitos e a especificidade de cada ocorrência educativa e conflituosa.

Em segundo lugar, tal como assinalamos (JARES, 2001b, pp.125-6), a crescente demanda por formação em resolução de conflitos, que vem ocorrendo nos últimos anos, tem um aspecto positivo mas também pode ocultar um duplo desvio. De um lado, crer que a resolução de conflitos seja apenas uma técnica que se pode aprender e aplicar em qualquer contexto ou situação; de outro, acreditar que é uma receita mágica que nos salvará de todo conflito ou nos fornecerá todas as chaves para poder resolvê-lo satisfatoriamente. Nessas situações, a demanda se apresenta mais por causa de uma visão negativa – "o que fazer para que não haja conflitos" – ou de desinformação do tipo "aprenda a resolver conflitos em dez dias e para toda a vida", alimentada em parte por certa bibliografia de origem anglo-saxônica.

Pois bem, mesmo correndo o risco de decepcionar, é preciso dizer com clareza e terminantemente que a resolução de conflitos não é um processo aplicável de maneira mimética a cada situação conflituosa, tampouco nos garante êxito em todas as ocasiões. Não podemos nos esquivar do fato de que cada situação conflituosa tem suas peculiaridades e que a resolução positiva de conflito não depende unicamente do conhecimento de determinadas técnicas ou processos que, entretanto, podem nos ajudar a entender e a ter instrumentos para intervir de forma mais eficaz ou, ao menos, com maiores probabilidades de eficácia.

Distinção entre agressividade e violência

Devemos ressaltar a confusão que continua se apresentando entre conflito e violência, relacionada com a confusão entre agressividade e violência. Em muitas ocasiões, encontramos pessoas que defendiam a violência como um instinto ou uma pulsão humana quando, na realidade, se tratava de agressividade. Essa polêmica está envolta pela suposta natureza violenta do ser humano, crença que tem longa tradição. Em seu enunciado, inclusive, já se encontram mescladas duas questões claramente diferentes: de um lado, decidir se somos seres agressivos e/ou violentos; de outro, se somos, qual a causa.

Para abordar essa questão, considero que o primeiro ponto a ser esclarecido é a confusão que assinalamos entre violência e agressividade, conceitos que, para nós, têm significados muito diferentes. Essa confusão implica outra, entre violência e conflito. Entretanto, nos últimos anos, podemos dizer que, em geral, existe um consenso nessa distinção: uma coisa é a agressão ou diferentes formas de violência, outra, diversa, é a agressividade ou combatividade. "O primeiro termo designa um ato efetivo, o segundo refere-se a uma tendência ou a uma disposição" (VAN RILLAER, 1977, p.20). A agressividade é parte da conduta humana, não negativa em si mesma, porém, positiva e necessária como força para a auto-afirmação, física e psíquica, do indivíduo, e especialmente determinada pelos processos culturais de socialização. A violência não é "sinônimo de agressividade" (VAN RILLAER, 1977, p.27). Associamos agressividade à combatividade, à capacidade de afirmação e, portanto, como algo necessário e positivo para a sobrevivência e o desenvolvimento do indivíduo. Como destaca Silvia Bonino (1987, p.7), a agressividade

> desempenha fundamentalmente duas funções complementares: de um lado constitui uma força ativa para o próprio desenvolvimento e para a afirmação de si mesmo, de outro é um instrumento para defender a própria identidade de tudo aquilo que a ameaça.

A importância da afetividade e o cultivo das relações interpessoais

A dimensão afetiva, de uma forma ou de outra, está sempre presente em toda relação educativa, deixando seu rastro, em maior ou menor medida, nas possibilidades de aprendizagem (JARES, 2005). Inclusive naquelas classes em que a afetividade e a ternura tenham sido supostamente banidas, surge determinada relação afetiva que, em muitos casos, pode ser de rejeição, temor ou ódio. A falsa separação entre racionalidade e afetividade, sobre a qual se construiu a modernidade, tem sido claramente revisada.

De modo efetivo, a modernidade considerava a racionalidade o instrumento pelo qual as pessoas seriam mais autônomas e teriam maior capacidade "racional" para tomar decisões e avançar no progresso científico e social, enquanto a afetividade e as emoções constituíam um território de subjetividade e imperfeição, portanto incompatível com a racionalidade. No campo educacional, o domínio do positivismo e sua projeção tanto no condutismo quanto no cognitivismo varreram toda a possibilidade de considerar a dimensão afetiva uma esfera cultivável, e que, por sua vez, incide na educação. Assim, o positivismo dominante que chega a nossos dias fez a educação ser entendida exclusivamente com base em critérios "técnicos" e "científicos", oposta a toda "veleidade" afetiva e, inclusive, de senso comum.

Contudo, a pós-modernidade questiona o domínio do racionalismo moderno e recupera a dimensão afetiva da vida em geral e das relações sociais, em particular. Em conseqüência, as instituições educacionais devem integrar, como próprio e específico de seu trabalho, a educação dos sentimentos e as causas de nossas formas relacionais, a partir do conflito potencial entre racionalidade e afetividade. Diferentemente do que se considerava na modernidade, a emotividade – como bem assinala Hannah Arendt (1993) – não se opõe à racionalidade, mas sim à insensibilidade. A racionalidade não nega a emotividade e vive-versa. Atuamos e pensamos globalmente como seres racionais e afetivos. Por isso, a educação, em todos os níveis educacionais e regime institucional, deve considerar a dimensão dos sentimentos como um aspecto-chave da educação das pessoas. Aspecto que, em conseqüência, também deve estar presente na formação dos futuros profissionais da educação. Por isso, concordamos com Torres Santomé (2001, p.239), quando afirma que

a educação é mais que o conhecimento das disciplinas a serem ensinadas. Mas o esforço para converter o ensino em uma atividade "científica e profissional" descuidou-se do âmbito dos afetos e inclusive não permitiu que o professorado fosse visto como pessoas com sentimentos e afetos, com o que também contribuiu para não facilitar a resolução dos problemas que, por esse enfoque, se apresentam aos docentes. Os afetos e os sentimentos são circunstanciais nas interações humanas, e é preciso aprender a controlá-los, não a reprimi-los, para não cair em comportamentos patológicos. Não querer admitir essas dimensões afetivas equivale a imaginar os processos de ensino e aprendizagem como atos mecânicos ou robotizados, ou seja, o contrário do que realmente são. Esse é um campo de pesquisa em que há ainda muito trabalho pendente, e são as perspectivas feministas que estão enfrentando essas questões com maior determinação.

Isso posto, a recuperação do interpessoal e do afetivo que, de outro lado, foi e é um dos traços de identidade da educação para a paz[2], não deve nos levar a uma postura pós-moderna de ensimesmamento no "eu", de canalizar todas as potencialidades em códigos de desenvolvimento pessoal, de buscar as explicações e alternativas no nível pessoal. Como também esclareceu José A. Marina, "o ser humano necessita viver sentimentalmente, mas necessita também viver acima dos sentimentos" (1996, p.234). Em suma, a pós-modernidade teve a virtude de resgatar a importância do pessoal, a subjetividade e a afetividade, mas, ao mesmo tempo, cometeu o erro de centrar sua análise e explicação da realidade nesse único código, desprezando o social e o político. Mais ainda,

os delírios de onipotência – que caracterizam o "eu" ilimitado – e as terapias e ideologias de crescimento pessoal e do potencial hu-

---

2. De fato, consideramos a educação para a paz como o cruzamento de uma educação afetiva, política e ambiental (JARES, 1983). Neste mesmo sentido, está a importância reiterada que conferimos à "criação de grupo" (JARES, 1999a, 1999b, 2001a e 2001b).

mano – que amiúde validam suas ações – condensam de maneira inexata o social e o pessoal, eliminando os limites entre ambos os aspectos, e insistem na responsabilidade pessoal dos indivíduos no que diz respeito a mudanças. As pessoas não percebem limites no que podem desfrutar. Considera-se que a mudança pessoal leva à transformação social; a bondade individual, ao saneamento da organização. Esses delírios de onipotência dentro da cultura do narcisismo, com seus piedosos e preciosos investimentos no poder do desenvolvimento e do crescimento pessoais, são profundamente paradoxais porque, com a negação da interação fundamentada nos contextos que delimitam o "eu" e sua capacidade para isso, a restrição de suas ações e a fragmentação de suas conexões com o outro, a onipotência narcisista e o "eu" ilimitado não produzem mais poder pessoal, e sim, menos (HARGREAVES, 1996, p.104).

Por outro lado, em relação ao segundo enfoque, *a incidência da afetividade na convivência, o professorado que leva anos exercendo a profissão terá detectado, em numerosas ocasiões, como certos problemas de convivência têm sua origem na falta ou deficiência no desenvolvimento da afetividade* (JARES, 2006). Nesse sentido, um aspecto que devemos cuidar é a possível distorção da variável gênero na concepção de afetividade, especialmente nos meninos.

Mais que uma atribuição de gênero, a ternura é um paradigma de convivência que deve ser incorporado no terreno do amoroso, do produtivo e do político, galgando – palmo a palmo – territórios em que predominam há séculos os valores da vingança, da submissão e da conquista (RESTREPO, 1999, p.17).

A partir dessa ótica, nos últimos anos, vimos insistindo na necessidade da criação de grupo. Na formação do professorado, seja qual for seu nível educacional ou disciplina a ministrar, é imprescindível elaborar uma estratégia dirigida a gerar, em sala de aula e no centro educacional, um clima de segurança, confiança e apoio mútuo (JARES, 1991, 1999, 2001a, 2001b). Para isso, o professorado deve ser capacitado nas estratégias que facilitam a criação de grupo.

Em resumo, não há dúvida de que *a alfabetização em afetividade e ternura deve ser um objetivo de todo o processo educacional, por ser parte do processo vital e de amadurecimento das pessoas, como também por sua inequívoca relação com a convivência* (JARES, 2006). No tocante ao primeiro aspecto, a afetividade é uma necessidade de todos os seres humanos e requer seu desenvolvimento para uma construção equilibrada da personalidade. Como afirma Montagu (1978 e 1983):

> Saúde é a capacidade para amar, para trabalhar, para brincar e para usar a própria inteligência como uma ferramenta de precisão. Os humanos nasceram para viver, como se viver e amar fossem a mesma coisa. Para amar, é preciso aprender a amar, e só se aprende a fazê-lo quando se é amado. O afeto é uma necessidade fundamental. É a necessidade que nos torna humanos.

Planejar o trabalho educacional para a convivência

A aprendizagem da convivência não pode ser uma tarefa improvisada nem sujeita à mera intervenção verbal em determinado momento. Necessita de um planejamento tanto para o espaço da sala de aula quanto do centro escolar, levando em conta os três principais protagonistas da comunidade educacional – professorado, alunos e mães/pais. Entre os aspectos a serem contemplados, destacamos:

- Tempo para analisar e intervir nos conflitos, explorando as diversas possibilidades de resolução, e para avaliar os graus de cumprimento dos possíveis acordos;
- Espaços adequados para abordá-los;
- Oportunidades, apoio e estímulo para preparar e exercitar as habilidades e técnicas de resolução. Não podemos cair na repreensão, ainda que seja necessária. Devemos oferecer espaços e possibilidades para que aprendam formas alternativas de resolução e ser perseverantes nesse empenho. Como destaca Johnson e Johnson, "este trabalho exige treinamento, perseverança e respaldo" (1999, p.11);
- Experiências lúdicas e dinâmicas de grupo que facilitem a coesão grupal;
- Organização democrática da sala de aula e do centro escolar. Como diz Norberto Bobbio, "sem democracia não existem as condições mínimas para a resolução pacífica dos conflitos" (1994, p.14);
- Incentivar a aprendizagem cooperativa e o trabalho em equipe. "Democratizar o trabalho nos atuais contextos educativos significa, sobretudo, transformar o currículo acadêmico competitivo. É o cenário das principais exclusões sociais que ocorrem por causa da educação e constitui o principal fundamento da hierarquia que habita as instituições educacionais" (CONNELL, 1997, p.102);
- Oferecer um currículo integrado a partir da visão conflituosa da realidade, no qual se questione a violência como forma de resolução de conflitos. Por conseguinte, não se trata de negar as diferenças e o conflito, mas de enfrentá-los de forma positiva, ou seja, de forma não-violenta. Confrontar os desacordos não implica gerar dinâmicas de destruição nem, no outro extremo, acomodação ou submissão às exigências da outra parte. Nesse sentido, não é demais lembrar a célebre frase de

Gandhi, tantas vezes citada: "Diante dos conflitos, devemos ser duros com os problemas, mas sensíveis com as pessoas". Esse reaprendizado de nossa relação com os conflitos abrange todo um desafio educacional e cultural de ampla envergadura. Trata-se de "aprender a pensar de uma nova forma", tal como dizia o histórico, e já citado, Manifesto Russel-Einstein, de 1955. Para tanto, o primeiro passo é romper com o estigma negativo do conflito.

Aceitação da diferença e compromisso com os mais necessitados

Aprender a conviver significa conciliar a relação igualdade e diferença. Como proclama a Declaração Universal dos Direitos Humanos, somos iguais em dignidade e direitos (JARES, 1999), mas as pessoas também são diferentes por diferentes motivos e circunstâncias; diferenças que podem ser positivas e fomentadas; em outros casos, diferenças que são negativas e, portanto, devem ser eliminadas. Como afirma José Gimeno: "Os seres humanos são desiguais ou diferentes em muitas coisas que os hierarquizam entre si. Isso é indiferente em certos casos, positivo em alguns e inaceitável sob o ponto de vista ético, em outros" (2001, p.54). Em qualquer caso, a diferença ou a diversidade são parte da vida e podem ser um fator de conflituosidade: "Conviver em um ecossistema humano implica uma disposição sensível a reconhecer a diferença, assumindo com ternura as ocasiões que o conflito nos oferece para alimentar o crescimento mútuo" (RESTREPO, 1999, p.142).

É claro que um dos grandes conflitos que se apresenta na atualidade é precisamente essa relação igualdade-diferença. Segundo os pressupostos de uma educação democrática e comprometida com os valores de justiça, paz e direitos humanos, temos de enfrentar essa diversidade exigindo os apoios que sejam necessários, tal como assinalamos na introdução deste livro, mas de maneira alguma favorecendo políticas de segregação no interior dos próprios centros educacionais. Nesse sentido, não podemos ocultar nossa preocupação com a proposta ministerial da nova Lei de Qualidade em vigor na Espanha.

Da mesma forma, um programa de formação do professorado pela e para a convivência democrática não pode furtar-se à análise dos valores dominantes na sociedade e de sua incidência na convivência. Nesse sentido, os programas de formação do professorado não podem desconsiderar o momento histórico que estamos vivendo, no qual o neoliberalismo é a ideologia dominante. Ideologia que, como chamamos a atenção nos *Cuadernos Bakeaz* n. 49 (JARES, 2002), se apóia na excelência do mercado, no culto ao dinheiro e ao lucro financeiro como valor supremo, na competitividade, na "eficiência", na produtividade, no sucesso a qualquer preço, no consumismo, no individualismo, valores que são antagônicos aos da convivência democrática, pacífica e solidária.

Do mesmo modo, a ideologia neoliberal valoriza os comportamentos e aprendizagens de caráter individual como mais relevantes que os de base sociológica, tal como tradicionalmente fez e continua a fazer. A proposta neoliberal opta pela explicação pseudopsicológica porque, dessa forma, limita ao indivíduo as responsabilidades por sua situação. Assim, se uma pessoa não tem trabalho, é porque não quer trabalhar, ou não se preparou o suficiente; se não obtém êxito na escola, é porque não estudou o bastante, porque não quer estudar ou não nasceu com capacidade intelectual suficiente; se apresenta "comportamentos" indisciplinados ou violentos, é porque tem algum tipo de desequilíbrio ou costuma agir assim em determinadas situações pessoais ou familiares. Diante dessas concepções, propomos analisar essas possíveis situações considerando o contexto social e cultural em que se originam. Não pretendemos atenuar as responsabilidades e opções pessoais no decorrer da vida; o que propomos é que sejam analisadas a partir do contexto em que se produzem, para chegarmos a uma explicação mais objetiva de suas causas e, com isso, aumentarmos as possibilidades de acertar nas soluções.

Tampouco podemos perder de vista como o projeto de globalização neoliberal também entra em conflito com a concepção de educação como um direito e, no lugar deste, torná-la uma mercadoria a mais. O projeto de transformar o direito à educação em produto tem duas âncoras fundamentais: de um lado, os fortes interesses econômicos de empresas, congregações religiosas, entre outras organizações ligadas ao campo educacional; de outro, os interesses ideológicos, sob o argumento de liberdade de escolha do centro escolar e de uma educação mais idônea para as famílias. Pois bem, os direitos – nesse caso, o direito à educação – não podem ser submetidos aos vai-e-vens do mercado, nem convertidos em bem de consumo à disposição daqueles que queiram consumi-lo e tenham possibilidades econômicas para fazê-lo. Por conseguinte, a natureza dos direitos é incompatível com a natureza do mercado. Os direitos devem estar garantidos para todas as pessoas, independentemente de sua condição social. Como já dissemos em inúmeras ocasiões, direitos não se compram nem se vendem.

Finalmente, também não podemos ocultar o terrível conflito em que o professorado se encontra. De um lado, pedem-lhe que eduque para a convivência democrática, para o respeito e a solidariedade, ao mesmo tempo que, de outro, os poderes dominantes da sociedade, por intermédio das diferentes relações sociais e particularmente dos meios de comunicação, transmitem valores contrários. Desmascarar essa situação perversa e reunir instrumentos intelectuais para questionar essa ideologia neoliberal é uma necessidade que, em nossa opinião, não pode faltar na proposta de formação que propugnamos. Nesse sentido, decodificar as mensagens publicitárias e programas televisivos é um exercício didático que consideramos obrigatório.

Enfrentar o conflito universalidade-relativismo cultural

A concepção universalista de modernidade implica uma inegável visão e imposição eurocêntrica da realidade, mas a resposta a essa situação não é anular toda a possibilidade de universalização, como faz a pós-modernidade, colocando em dúvida determinados valores universais que necessitam ser universalizados, como dignidade humana, justiça ou igualdade, valores que exemplificamos na Declaração Universal dos Direitos Humanos. Em outras palavras, o fato de que se cometeram erros claros e terríveis em nome da universalidade não significa que temos de renunciar a toda possibilidade de formar consenso sobre determinados valores, marcos ou critérios universais, como os valores que já citamos e que impulsionaram a modernidade.

Diante da ênfase universalista da modernidade e sua concepção eurocêntrica, a pós-modernidade supõe um processo oposto em dois sentidos. Primeiro, ao manifestar sua preferência pelo aspecto local – o reconhecimento das identidades locais em oposição às universais; o "determinismo local", nas palavras de J. F. Lyotard (1994, p.10). Em segundo lugar, porque equipara tais manifestações culturais locais como se estivessem em iguais condições; dentro do relativismo pós-moderno todas as culturas têm o mesmo valor. Dessas duas vertentes intelectuais deriva uma terceira: a impossibilidade de definir e, muito menos, impor uma cultura universal. Com a pós-modernidade desaparece o sentido da hierarquia entre diferentes tipos de conhecimento; não existem metanarrativas que estabeleçam prioridades e que ordenem a validade das produções culturais. Tudo tem a mesma validade. Com isso, chega-se ao relativismo cultural como um dos princípios definidores da pós-modernidade. Esses tipos de argumentos levam os autores pós-modernos a falar de culturas, em vez de cultura. Para esse pensamento, não existe uma cultura universal; a única idéia universal é o próprio relativismo. Dessa forma, cria-se um conflito entre objetivismo universalista e o relativismo localista. Em outras palavras, entre a concepção universalista de cultura, uma cultura única – que, por definição, foi e é inevitavelmente imposta –, e as tantas culturas que se constituíram como identidades locais, sem a possibilidade de aceitar ou formar consenso sobre determinados códigos e valores universais[3].

Entretanto, a cultura é um processo dinâmico ligado às próprias condições de vida das pessoas que, como tal, incide na vida destas e vice-versa. Analogamente, ao conceito de cultura poderíamos aplicar o princípio físico de energia, que nem se cria nem se destrói, mas se transforma pelas escolhas feitas em dado momento e pelas interações, inevitáveis, com outras culturas. Daí o caráter mestiço das culturas. Nas palavras de Juan Goytisolo (GRASS e GOYTISOLO, 1998, p.86):

> Cultura, na realidade, é uma soma de todas as influências exteriores que tenha recebido. Tentar buscar uma raiz única, uma essência única, conduz não apenas à ruína dessa cultura, mas também aos piores excessos e aos crimes produzidos por nacionalistas recalcitrantes.

---

3. Este debate também foi suscitado, nestes mesmos termos, quando se pretendeu consolidar alguns direitos humanos universais (JARES, 1990). Nesse sentido, Amin Maalouf afirma: "Não pode haver, de um lado, uma carta universal dos direitos humanos e, de outro, cartas particulares: uma muçulmana, outra judaica, outra cristã, africana, asiática etc." (1999, p.129).

Todas as pessoas e todas as culturas participam inexoravelmente de outras culturas e, inclusive, com relações de conflito e domínio. O ser humano é fundamentalmente multicultural e mestiço.

Com efeito, diferentes autores (FUENTES, 2002; GIMENO SACRISTÁN, 2001; MAALOUF, 1999; MAGRIS, 2001; TORRES SANTOMÉ, 2001) têm argumentado sobre o caráter mutável, flexível e evolutivo do conceito de identidade, uma vez que esta não se estabelece de forma única e definitiva, mas se vai construindo e transformando ao longo de nossa existência.

A identidade não é um dado rígido e imutável, e sim fluida, um processo sempre em progresso, em que continuamente nos distanciamos de nossas próprias origens, como o filho que deixa a casa de seus pais e volta a ela com o pensamento e o sentimento; algo que se perde e se renova, em um incessante desarraigar e retornar (MAGRIS, 2001, p.74).

Por isso, ressaltou-se o caráter mestiço da identidade. Como assinalou Carlos Fuentes, "apenas uma identidade morta é uma identidade fixa" (2002, p.319); e, mais adiante, acrescenta: "As culturas se influenciam umas às outras. As culturas perecem no isolamento e prosperam na comunicação" (2002, p.323). Nesse sentido, "somos o que somos como fruto do encontro de culturas muito distintas" (TORRES SANTOMÉ, 2001, p.131). Assim:

> O direito à diferença cultural não pode ser o apelo à defesa da pureza da própria cultura diante da dos demais, que não existiu, nem existe; nem deve procurar evitar esses fenômenos, porque contribuem de forma espontânea para a mudança e diversificação que são inerentes às culturas vivas, de maneira tão natural como o é o fato de que tenham certa especificidade própria.

Entrar em contato com outros não implica perder a identidade nem renunciar ao que é próprio necessariamente, embora seja motivo, sim, para rever a visão sobre a nossa cultura (GIMENO SACRISTÁN, 2001, p.93).

Nessa linha de argumentação, é importante ressaltar o conceito de *identidades assassinas*, de que fala Amin Maalouf. Segundo o autor, são aquelas que reduzem a identidade de pertença a apenas uma coisa, a que acomoda "os homens em uma atitude parcial, sectária, intolerante, dominadora, às vezes suicida, e os transforma amiúde em pessoas que matam ou em partidários dos que o fazem. Sua visão de mundo está enviesada, distorcida" (p.43). Os "nossos" em oposição aos "outros":

> Quanto aos outros, aqueles que estão do outro lado da linha, jamais procuramos nos colocar em seu lugar, perguntar pela possibilidade de, em tal ou qual questão, não estarem completamente equivocados, nos esforçamos para que seus lamentos, seus sofrimentos, as injustiças de que tenham sido vítimas não nos afetem. Conta apenas o ponto de vista dos "nossos", que costumam ser os mais aguerridos da comunidade, os mais demagogos, os mais irados (MAALOUF, 1999, pp.43-4).

Por conseguinte, devemos considerar a complexidade ecológica dos contextos sociais e a importância das singularidades históricas para a análise e planejamento do nosso trabalho (a dialética entre o micro e o macro, o particular e o geral).

O estímulo a uma cultura de paz

Consideramos que a educação para a convivência não pretende transmitir unicamente determinadas estratégias e habilidades para resolver conflitos. Muito além disso, nossa proposta se inscreve em um objetivo mais amplo e ambicioso: construir uma nova cultura e relações sociais onde a violência não faça sentido. Dessa forma, acreditamos que as propostas para construir uma cultura de paz formuladas a partir de diversas instâncias e instituições, dentre elas se destacando o Programa de Ação para uma Cultura de Paz da UNESCO, têm oferecido uma contribuição significativa.

Como já manifestamos (JARES, 1996, 2001a, 2001b), uma cultura de paz tem de renunciar à dominação em todos os âmbitos da atividade humana, tanto nos círculos mais próximos de convivência quanto no nível macroestrutural. A militarização de nossa cultura é evidente nesse sentido. A história e a cultura transmitidas estão assentadas na mitificação das vitórias militares, na conquista e colonização, na dominação, em suma. Diante desse culto à dominação, à vitória sobre o outro – das quais não estão isentos determinados decretos e práticas religiosas –, queremos recordar uma frase de Albert Camus (1994), de seu livro *O primeiro homem*, que, em si mesma e por si só, consideramos uma ruptura total do pilar em que se assenta nossa cultura: "E soube, assim, que a guerra não é boa, porque vencer a um homem é tão amargo quanto ser vencido por ele". Se realmente conseguíssemos sentir o amargor da vitória sobre o outro, se conseguíssemos tornar compreensível e sentir que, em caso algum, nossa vitória pode vir pela derrota, humilhação, exploração do outro, teríamos um avanço gigantesco nessa transição da cultura da violência, em que estamos assentados e socializados, para a almejada cultura de paz.

Esse questionamento sobre a dominação nada tem a ver com a necessária auto-afirmação dos indivíduos e povos, de sua língua e cultura. Como disse Gandhi (1988), é impossível ser internacionalista sem ser nacionalista. Em contraposição à uniformização e ao pensamento único, uma cultura de paz assenta-se no respeito à diferença, à diversidade, ao cultivo das diferentes criações culturais dos indivíduos e dos povos, na medida em que todas são patrimônio da humanidade. Mas essa afirmação de um caráter próprio nunca pode estar fundamentada em discursos de dominação ou exclusão como "ser superior a", "estar acima de", ou demandar "limpezas étnicas" de triste atualidade, que motivam todas as variantes de intolerância e fascismos. Do mesmo modo, uma cultura de paz tem de desmascarar a fabricação da noção de inimigo, habitualmente unida a processos de manipulação da informação.

Assim, uma cultura de paz tem de recusar radicalmente o caráter sexista de nossa cultura, eliminando o predomínio de valores associados ao gênero masculino sobre o feminino. Dentre as contribuições do movimento feminista para a construção de uma cultura de paz, queremos destacar especialmente duas. De um lado, o caráter indubitavelmente não-violento de sua luta e a vontade e atitude comprometidas com a construção de um novo tipo de cultura sem nenhuma forma de dominação, o que acarreta, de outro, a feminização dessa cultura. Sobre esta última questão, há dois aspectos que devemos sublinhar: a reformulação da separação entre público e privado, de um lado, e entre o pensamento racional e o afetivo, de outro. Como escreveu a inesquecível Petra Kelly: "A nosso favor estão a ternura, a união, a não-violência, a participação, a solidariedade e a luta contra tudo o que separa e divide. O lema é: sermos carinhosos e subversivos" (1983, p.48).

Uma cultura de paz exige e implica uma cultura democrática e a defesa dos valores públicos diante dos privados. Nestes tempos em que vivemos um neoliberalismo implacável, que nos leva a um mercantilismo da democracia, convém – tanto no plano social, em geral, quanto no educacional, em particular – promover um novo impulso regenerador ao que denominamos cultura democrática, ao menos em três sentidos:

- Democratizar o conhecimento e possibilitar o acesso à cultura ao conjunto dos cidadãos;
- Favorecer a participação e o controle social dos assuntos públicos, o que exige um novo modo de fazer e entender política. Sem participação, não há democracia;
- Democratizar a economia. Como disse Norberto Bobbio (1991), "a democracia sustenta-se nas portas das fábricas".

Uma cultura de paz é incompatível com a doutrinação, os dogmatismos e os fundamentalismos de qualquer tipo, sejam religiosos, ideológicos, tecnológicos, sejam políticos, tão freqüentes quanto devastadores na evolução histórica da cultura ocidental, por mais que queiram fazê-los parecer distantes de nós (Jares, 2005). Em contraposição aos integrismos e aos diferentes anestesistas do espírito crítico, uma cultura de paz assenta-se no debate, na crítica e no diálogo, na liberdade de expressão e de criação. Mas, como apontaram Elena Gianini Belotti (1984), a propósito da relação entre gêneros, e Roger Garaudy (1977), no plano social, o diálogo e a verdadeira comunicação somente são possíveis entre iguais. Em outras palavras, não existe diálogo autêntico em relações de domínio.

Uma cultura de paz tem de recuperar para muitos cidadãos, desenvolver para outros e cultivar para todos o valor do compromisso e da solidariedade. Em contraposição a uma cultura de indiferença, de desvalorização, de individualismo, de sucesso e enriquecimento pessoal a qualquer preço, uma cultura de paz assenta-se no compromisso social, na ternura dos povos, na solidariedade. Estes pilares têm um valor agregado: o de possibilitar a cada cidadão a aprendizagem do prazer de compartilhar, de cooperar, de ser solidário e feliz por isso.

Nesse sentido, o objetivo global de paz em que apostamos impede qualquer cidadão de qualquer país, por mais avançado que seja, de escudar-se em idéias autocomplacentes de "progresso" ou de indiferença, enquanto três quartos da população mundial "sobrevive" em condições paupérrimas. Ninguém pode viver em paz diante de situações de extrema injustiça que, além de não terem desaparecido, se agravam com a chamada nova ordem mundial. O objetivo global pela paz implica ainda a rejeição à guerra e a todas as formas de violência direta, o desaparecimento das violências estruturais – como o racismo, o sexismo, a xenofobia –, a luta contra a pobreza, a exclusão social e a marginalização em qualquer lugar do planeta.

Finalmente, uma cultura de paz exige e fundamenta-se na plena coerência entre os meios a serem empregados e os fins a serem alcançados. Em contraposição à cultura dominante que separa fins e meios, que proclama que "os fins justificam os meios", que abre caminho à cultura do "vale tudo" e ao uso indiscriminado de qualquer meio para chegar aos objetivos demarcados – características tão vivas em nossa sociedade, com exemplos bem recentes e conhecidos em diferentes áreas, econômica, política, militar, desportiva –, a tradição não-violenta, como a da pesquisa para a paz, ressalta a centralidade desse princípio, estabelecendo uma relação orgânica entre ambos os pólos, sem nenhum tipo de hierarquia ou prioridade, porém como processos de uma mesma natureza. Para expressá-lo mais uma vez nas palavras de Gandhi (1988): "Os meios estão nos fins como a árvore na semente". Os fins que buscamos já devem estar presentes nos meios ou nas estratégias a serem usados, tanto por razões de coerência ética quanto, como nos recorda Jean-Marie Muller (1983), por razões de "eficácia". Por conseguinte, parafraseando Adolfo Sánchez Vázquez (1996, p.19):

> Há meios tão repulsivos como a tortura, o terrorismo individual e de Estado e a violação dos direitos humanos em geral que, qual-

quer que seja o benefício proporcionado pelo fim que supostamente se pretende atingir, são intoleráveis.

Bibliografía

AMNISTÍA INTERNACIONAL. *Educación en derechos humanos: asignatura suspensa. Informe sobre la formación en las escuelas de Magisterio y facultades de Pedagogía y Ciencias de la Educación en materia de derechos humanos*. Madri: Amnistía Internacional, 2003.
ARENDT, H. *La condición humana*. Barcelona: Paidós, 1993. [Edição brasileira: *A condição humana*. São Paulo: Forense, 2005.]
BARCELLONA, P. *Postmodernidad y comunidad. El regreso de la vinculación social*. Madri: Trotta, 1992.
BELOTTI, E.G. *Las mujeres y los niños primero*. Barcelona: Laia, 1984.
BOBBIO, N. *El tiempo de los derechos*. Madri: Sistema, 1991. [Edição brasileira: *Era dos direitos*. São Paulo: Campus, 2004.]
BONINO, S. *Bambini e nonviolenza*. Turim: Abele, 1987.
CAMUS, A. *El primer hombre*. Barcelona: Tusquets, 1994. [Edição brasileira: *O primeiro homem*. São Paulo: Nova Fronteira, 2005.]
CONNELL, R. W. *Escuelas y justicia social*. Madri: Morata, 1997.
DELORS, J. *La educación encierra un tesoro*. Madri: Santillana/ UNESCO, 1996. [Edição brasileira: *Educação: um tesouro a descobrir*: São Paulo: Cortez, 1999.]
ESCUDERO MUÑOZ, J. M. "Innovación y desarrollo organizativo de los centros escolares". Em *II Congreso Interuniversitario de Organización Escolar*. Sevilha: GID/Universidad de Sevilla, 1992.
FREIRE, P. *Pedagogía de la indignación*. Madri: Morata, 2001.

[Edição brasileira: *Pedagogia da indignação*. São Paulo: Unesp, 2000.]

FUENTES, C. *En esto creo*. 2. ed. Barcelona: Seix Barral, 2002. [Edição brasileira: *Este é meu credo* São Paulo: Rocco, 2006.]

GALTUNG, J. *Gandhi oggi*. Turim: Abele, 1987. [Edição brasileira: *O caminho é a meta: Gandhi hoje*. São Paulo: Palas Athena, 2003.]

GANDHI, M. *Todos los hombres son hermanos*. Salamanca: Sígueme, 1988. [Edição brasileira: *Somos todos irmãos*. São Paulo: Paulus, 1999.]

GARAUDY, R. *Diálogo de civilizaciones*. Madri: Edimsa, 1977.

GIMENO SACRISTÁN, J. *Poderes inestables en educación*. Madri: Morata, 1998.

_____. *Educar y convivir en la cultura global*. Madri: Morata, 2001. [Edição brasileira: *Educar e conviver na cultura global*. Porto Alegre: Artmed, 2002.]

GRASS, G. e J. GOYTISOLO. "Frente a la catástrofe programada". Em VV.AA., *Pensamiento crítico vs. Pensamiento único. Le Monde Diplomatique* (edição espanhola), Madri: Debate, 1998, pp.81-95.

HARGREAVES, A. *Profesorado, cultura y postmodernidad. (Cambian los tiempos, cambia el profesorado)*. Madri: Morata, 1996.

JARES, X. R. "Educación para la paz". Em *Cuadernos de Pedagogía*, 107 (1983) 69-72.

_____. *Educación para la paz. Su teoría y su práctica*, 3. ed. 2005. Madri: Popular, 1991. [Edição brasileira: *Educação para a paz. Sua teoria e sua prática*. Porto Alegre: Artmed, 2002.]

_____ (coord.). *Construír a paz. Cultura para a paz*. Vigo: Xerais, 1996.

_____. *Educación y derechos humanos. Estrategias didácticas y organizativas*. Madri: Popular, 1999. 2. ed. 2002. Edição em galego: Vigo: Xerais, 1998.

_____. *Aprender a convivir*. Vigo: Xerais, 2001a. 3. ed. 2006.

_____. *Guía de educación para la convivencia*. Madri: Popular, 2001b.

_____. *Educar para la paz después del 11/09/01*. Bilbao: Bakeaz, 2002, Cadernos Bakeaz n.49.

_____. *Educar para la verdad y la esperanza. En tiempos de globalización, guerra preventiva y terrorismos*. Madri: Popular, 2005. [Edição brasileira: *Educação para a verdade e para a esperança. Em tempos de globalização, guerra preventiva e terrorismos*. Porto Alegre: Artmed, 2005.]

_____. *Pedagogía de la convivencia*. Barcelona: Graó, 2006.

JOHNSON, D. W. e R. T. JOHNSON. *Cómo reducir la violencia en las escuelas*. Barcelona: Paidós, 1999.

KELLY, P. *Luchar por la esperanza*. Madri: Debate/Círculo, 1983.

LLEDÓ, E. "Entrevista". Em *El País Semanal*, n.1364, 17 nov. 2002, pp.10-6.

LYOTARD, J.F. *La condición postmoderna*. 5. ed. Madri: Cátedra, 1994. [Edição brasileira: *A condição pós-moderna*. São Paulo: José Olympio, 2002.]

MAALOUF, A. *Identidades asesinas*. Madri: Alianza, 1999.

MAGRIS, C. *Utopía y desencanto. Historias, esperanzas e ilusiones de la modernidad*. Barcelona: Anagrama, 2001.

MARINA, J. A. *El laberinto sentimental*. Barcelona: Anagrama, 1996.

MONTAGU, A. *La naturaleza de la agresividad humana*. Madri: Alianza, 1978.

_____. "El mito de la violencia humana". Em *El País*, Madri, 14 ago. 1983.

MORIN, E. *Los siete saberes necesarios para la educación del futuro*. Barcelona: Paidós, 2001. [Edição brasileira: *Os sete saberes necessários à educação do futuro*. São Paulo: Cortez, 2005.]

MULLER, J.M. *Significado de la no-violencia*. Madri: CAN, 1983.

RESTREPO, L. C. *El derecho a la ternura*. Bogotá: Arango, 1999. [Edição brasileira: *O direito à ternura*. São Paulo: Vozes, 1998.]

ROSS, M. H. *La cultura del conflicto. Las diferencias interculturales en la práctica de la violencia*. Barcelona: Paidós, 1995.

SÁNCHEZ VÁZQUEZ, A. "Anverso y reverso de la tolerancia". Em *Claves de Razón Práctica*, 65 (set. 1996)14-9.

SARAMAGO, J. "Este mundo de la injusticia globalizada". Em *El País*, Madri, 6 fev. 2002 e também em *Le Monde Diplomatique*, mar. 2002.

SMITH, D. "Estudio de los conflictos y educación para la paz". Em *Perspectivas*, v.X, n.2 (1979).

STENHOUSE, L. *Investigación y desarrollo del currículum*. Madri: Morata, 1984.

TORRES SANTOMÉ, J. *Educación en tiempos de neoliberalismo*. Madri: Morata, 2001.

VAN RILLAER, J. *La agresividad humana*. Barcelona: Herder, 1977.

Obras da Palas Athena Editora complementares à temática abordada neste livro:

AMAR E BRINCAR – Fundamentos esquecidos do humano
Humberto Maturana e Gerda Verden-Zöller

O livro aborda três grandes temas: a origem da cultura patriarcal européia, as relações entre mãe e filho e os fundamentos da democracia a partir da noção de biologia do amor. Maturana e Verden-Zöller vêem a democracia como uma forma de convivência que só pode existir entre adultos que tenham vivido, na infância, relações de total aceitação materna. Os autores examinam em detalhe os fundamentos da condição humana que permeiam o afetivo e o lúdico. Mostram como a cultura do patriarcado europeu nos levou à atual situação de autoritarismo, dominação, competição predatória, desrespeito à diversidade biológica e cultural e profunda ignorância do que são os direitos humanos.

AUTOBIOGRAFIA: MINHA VIDA E MINHAS EXPERIÊNCIAS COM A VERDADE
Mohandas K. Gandhi

O objetivo deste projeto editorial é apresentar ao público brasileiro, pela primeira vez em tradução direta do inglês, uma parte importante da extensa obra escrita de Mohandas K. Gandhi, o célebre pensador, político e educador indiano. A saga gandhiana é um exemplo luminoso de como a resistência à opressão deve começar pelo trabalho com o ego e estender-se à coletividade. Conceitos como a não-violência, caros ao autor, são detalhadamente apresentados e fundamentados. A obra procura atender assim a uma necessidade básica, em especial quando se considera que o colonialismo – pela abolição da qual Gandhi tanto se empenhou – ressurge hoje sob novas formas e em escala planetária.

O DESAFIO DA COMUNICAÇÃO – Caminhos e perspectivas
Mauro Maldonato

A proposta do intelectual italiano Mauro Maldonato é examinar o fenômeno da comunicação em vários de seus aspectos. O autor procura desvendar os conceitos do que se define hoje como psicologia da comunicação e, sobretudo, na forma como refletem as complexas dinâmicas do comportamento humano. O autor recorre a teorias diversas como a Gestalt, a semiótica e a interacionista para abordar ainda temas atuais como o desenvolvimento da linguagem, a comunicação lingüística, a comunicação não-verbal, a natureza e a cultura das emoções, a comunicação intrapsíquica.

DIÁLOGO – Comunicação e redes de convivência
David Bohm

Expoente da física e filosofia da ciência do século 20, o americano David Bohm tem seu interesse focado nas ciências cognitivas e relações humanas. Para ele, "diálogo" significa mais que o simples pingue-pongue de opiniões, argumentos e pontos de vista que habitualmente ocorre entre dois ou mais interlocutores. O autor parte de uma premissa de suspensão temporária de todos os pressupostos, teorias e opiniões arraigadas em relação aos assuntos em pauta para observar o que emerge de novo no fluxo da conversação. O propósito de seu método é investigar o pensamento não só depois de estruturado, mas também no processo de formação, como são seus mecanismos e a sua dinâmica.

GANDHI – Poder, parceria e resistência
Ravindra Varma

Fruto de parceria entre a Associação Palas Athena e a UNESCO, a publicação consiste na reunião de palestras proferidas por Ravindra Varma quando de sua passagem pelo Brasil. As idéias de Varma representam importante contribuição para a construção de uma cultura de paz apta a promover a justiça social, a redução das desigualdades e da violência. A cultura de paz estimula e propõe a resolução de problemas por meio do diálogo, da negociação e da mediação, de modo a tornar a guerra, os conflitos e a violência inviáveis. A publicação dos textos de Ravindra Varma permite-nos manter aceso o legado de Gandhi, contribuindo para construir a paz com base na não-violência e no respeito ao outro.

JORNADA DE AMOR À TERRA
Ética e educação em valores universais
Laura Gorresio Roizman e Elci Ferreira

Tem o objetivo de instrumentar professores, estudantes de graduação, educadores ambientais, líderes comunitários, voluntários e profissionais que trabalham com grupos de desenvolvimento pessoal, para atuarem na promoção da ética, dos valores humanos universais e da saúde individual, social e ambiental. Em linguagem acessível, reúne teoria e prática. Inspiradas pela beleza de algumas árvores da flora brasileira, as autoras abordam, de maneira lúdica e criativa, conceitos sobre ética, ecologia, saúde social, educação ambiental, direitos humanos e educação para a paz. É repleto de dinâmicas de grupo, jogos cooperativos, atividades artísticas e de projetos comunitários.

NÃO-VIOLÊNCIA NA EDUCAÇÃO
Jean-Marie Muller

Neste livro, Jean-Marie Muller aborda a prática da não-violência na escola. Segundo o autor, os alunos de uma classe não escolheram viver juntos. Também não escolheram se colocar sob a autoridade dos professores. A escola não é uma comunidade, mas uma sociedade – mais precisamente uma sociedade em construção. É necessário, portanto, organizar desde o primeiro dia de aula a "vida em comum" desses alunos e professores.

O PODER DA PARCERIA
Riane Eisler

Neste novo livro, a celebrada autora continua sua análise brilhante dos padrões que impregnam todas as relações humanas e nos convida a mudá-las para melhorar o mundo.

Riane Eisler argumenta que já há um movimento em todo o mundo na direção da parceria, de relações mais democráticas, de cuidado pelas pessoas e pela natureza. No entanto, esse movimento é resistido e combatido pelos defensores do modelo da dominação, que preferem negar a realidade de relações que estão destruindo nosso planeta e fomentando sociedades cada vez mais violentas para assim permanecer na segurança da dominação rígida e definida. A autora nos faz um convite audacioso: que deixemos de pensar em nós mesmos como impotentes, vítimas da situação, e comecemos a mudar o mundo. O poder da parceria é um convite para entendermos o que está acontecendo e passemos a mudar nossa realidade, fazendo todas as nossas relações se aproximarem cada vez mais do modelo de parceria.

TRANSDISCIPLINARIDADE
Ubiratan D Ambrosio

Introduz-se aqui a noção de transdisciplinaridade como não apenas um simples conjunto de conhecimentos ou um novo modo de organizá-los, mas uma postura de respeito pelas diferenças culturais, de solidariedade e integração à natureza. O autor propõe uma ética da diversidade.

Para obter informações sobre estas e outras obras publicadas pela Palas Athena Editora sugerimos consultar o nosso site:
www.palasathena.org.br

Impresso nas oficinas da
Gráfica Palas Athena